# 人生雖然有點廢就靠哲學翻轉它

## 第一部

跟著37位哲學家
解開生命的大哉問

傅佩榮——著

# 目次


新版序 小故事比較有趣 011

自序 點到為止的小品 015

古代哲學 Ancient Philosophy 019

01 泰勒斯 021

廚房有神明 022

精明的腦袋 023

笨拙的腳步 024

02 安納齊曼德 027

測量金字塔 028

03 畢達哥拉斯 031

數學的奧妙 032

輪迴的觀念 033

04 赫拉克利特 035
性格與命運 036
萬物在流轉 037

05 贊諾芬尼斯 039
神與人不同 040

06 巴門尼德 043
女神的智慧 044
讓心思安靜 045

07 芝諾 047
追不上烏龜 048

08 恩培多克勒 049
多元宇宙觀 050
靈魂的輪迴 051

09 安納薩格拉 053
誠實的告白 054
心智的作用 055

10 德謨克利特 057
古代唯物論 058
依感覺而活 059

11 普羅塔哥拉 061
萬物的尺度 062
相對的價值 063

12 高爾吉亞 065
溝通的困難 066

13 蘇格拉底 069
哲人的妻子 070
城內的居民 071
真誠的反省 072
死亡的省思 073
14 柏拉圖 075
隱形的考驗 076
困處於洞穴 077
幼兒教育 078
陶冶身心 079
靈魂三分 080
神聖的瘋狂 082
哲學家君王 083
幸福的人生 084
15 安提斯泰尼 087
犬儒學派 088
16 亞里斯多德 089
以哲學之名 090
思考的運作 091
簡單的邏輯 092
四種原因 093
潛能與實現 095
一個實體 096
理性與德行 097
觀想的幸福 098
憐憫與恐懼 099
17 芝諾 101
斯多亞學派 102
完全有德 103

芝諾軼事 104

18 塞內卡 107
哲學家大臣 108

19 埃比克泰特 109
哲學家奴隸 110

20 奧雷流士 111
哲學家皇帝 112

21 伊比鳩魯 113
伊比鳩魯軼事 114
享樂主義 115
不需要恐懼 116

22 皮羅 117
懷疑的心態 118

懷疑主義 119

哲學豆知識 面對風暴 120

23 普羅提諾 123
上界與下界 124
人生的進程 125

哲學豆知識 生命階段 126

24 西塞羅 129
配合身分 130
苦樂之間 131
命運難解 132

25 魯克雷休斯 135
欲望的困擾 136

# 中世紀哲學
## Medieval Philosophy


哲學豆知識 基督宗教 139
天主教的信仰 141
迫害基督徒 143

26 德爾圖良 145
兩條路線 146
哲學豆知識 三位一體 147

27 亞提那哥拉 149
護教立場 150

28 奧利金 151
妥協觀點 152
哲學豆知識 萬物復原 153
真知主義 155
體驗之路 157

29 摩尼 159
摩尼主義 160

30 奧古斯丁 161
拿起來讀 162
我的存在 163
原罪之說 164

啟迪人心 165
惡是什麼 166
上帝之城 167
哲學豆知識
否定之道 169
哲學教育 171
共相問題 173
針尖天使 175
31 安瑟姆 177
政教之間 178
為了理解 179
先天論證 180
批判先天論證 181
32 大亞爾伯 183
修會制度 184
33 多瑪斯．阿奎那 185
經院哲學 186
從感覺出發 187
五路證明 188
幸福人生 189
34 斯考特 191
善的定義 192
35 奧坎 193
神的自由 194
奧坎的剃刀 195

36 艾克哈特 197
心的轉向 198
在神之內 199
自我修練 200
心靈火花 201
37 尼古拉 203
博學的無知 204
哲學豆知識
驕傲之罪 206

# ——新版序——

# 小故事比較有趣

有個學生聽我講西方哲學，說他記下了一百多個故事與笑話。我問他對哪一位哲學家印象深刻，他卻答不上來。哲學家也是平凡人，只是他們把人所特有的「理性」發揮到較高層次，然後體現於日常生活的言行，顯得有些突兀罷了。因為與眾不同，常有反差效果，然後變得有趣了。

西方哲學歷經二千六百多年，哲學家的故事自然不少。譬如，第一位哲學家是古希臘的泰勒斯，他曾專心觀察星空，不慎摔進一口淺井，為他提燈籠的女僕笑著說：「我們家主人連地面的狀況都沒搞清楚，卻去關心天上的狀況。」泰勒斯仰望星空，不純粹是出於對天文學的興趣，他所在意的是：人間一切與周遭萬物都在變化之中，到底有沒有不變的東西呢？宇宙深處還有什麼祕密可以讓人探索的呢？

泰勒斯提醒人們兩點：一，要轉移焦點，不要受困於變化無已的現象，而要探索現象背後的來源與根基；二，要設法使用理性所能找到的元素，來做一個完整而有系統的解釋。他由此擺脫了希臘神話的束縛，也提出了新的觀點：「水」是萬物的來源。他的觀點很快也很容易受到挑戰，但是他的思維方法開啟了「愛智慧」的哲學之路。

此後的西方哲學家有什麼表現呢？首先，要努力尋找現象背後永恆的本體；其次，要認真建構一套哲學系統。於是展現在歷史上的，是百家爭鳴，聚訟不休；但也是百花齊放，精采紛呈。問題在於：誰的說法是正確的？要回答這個問題，必須看一套哲學在真實人生中的驗證。誰的說法可以回應「不同時空」中多數人的理性思維？誰的說法可以引領人們得到內心的安頓？誰的說法可以助人在關鍵時刻做出重大抉擇？

上面列的幾個問題近乎紙上談兵。譬如，我十八歲開始學習西方哲學，再怎麼用功也只能勉強考慮第一點：誰的說法可以回應不同時空中多數人的理性思維？畢達哥拉斯、德謨克利特、柏拉圖、亞里斯多德，誰說得更有道理？這份名單如果延伸到中世紀，再涵蓋近代與當代，則是一組美妙無比的愛智隊伍，他們的觀點「保證」讓我們頭昏眼花而無所適從。

以個人經驗來說，我每念一位哲學家的書，往往會覺得「言之成理，持之有故」。但是哲學家的說法各有千秋，有的針鋒相對，有的異中見同，也有的重點有別，因此我在學習過程中再三提醒自己避免先入為主，要有同情的理解。於是，我特別留意哲學家的生平背景、時代環境、個人遭遇、心路歷程，然後也得知他們的許多小故事與格言金句。譬如，笛卡兒為了遊歷各地而從軍，後來選擇住在荷蘭專心思考，但最後又接受瑞典女王的邀約，前去為她上課，不久即病死異鄉。他的「我思故我在」是百年金句，但意義並非字面所指。他說：「不要讓我的欲望超過我的能力範圍。」這句話對一般人才真有具體的啟發，我也經常以此自省。

言行特殊而見解高超的，像史賓諾莎、康德、叔本華、尼采、維根斯坦、列維納斯等人，也都有各自的言論與行動，可以開啟我們的眼界、引領我們的思維，使我們感受生命的豐富含意與無窮趣味。

我在臺大哲學系的課以中國哲學為主，同時也教過十幾年西方哲學，如形上學、宗教哲學與西方哲學史的前半段（古希臘與中世紀）。另外則長期在洪建全基金會授課，為好學的民間朋友講述西方哲學。教西方哲學要做到讓人「聽得懂、想得通、做得到」，實在是不容易的事。我這一生都在如此挑戰自己，雖然辛苦，也得到許多快樂。快樂之一就是知道了西方哲學家的生平小故事以及他們雋永精妙的短語。現在我將這些資料寫成二〇九篇短文與朋友分享。本書出版於二〇一二年，現在由九歌出版社重編出版，看來大方清新，更增加了閱讀的樂趣。

傅佩榮　寫於二〇一九年十二月一日

—自序—

# 點到為止的小品

我們不是西方人，但是對於像「蘇格拉底、柏拉圖、笛卡兒、康德、馬克思、尼采」這些名字卻耳熟能詳。何以如此？因為他們是哲學家，說話不但很有條理，並且富於弦外之音，讓人低迴沉思，進而想要一探究竟。

西方哲學綿延二千六百多年，發源於希臘愛琴海地區，延伸到地中海周邊，再擴及整個歐洲，直至北美。就時間的長度與空間的廣度來看，西方哲學並不特別醒目，但是就其內含的豐富深刻，與影響人類的強度效應來看，則遠遠超出我們的想像。正如我們談到現代化時，不能不以「西化」為其主軸，西方哲學對於今日世界的意義也仍不失其主軸的地位。

在其他的文化體系中，哲學常與宗教、文學、歷史、藝術等相混共融。在西方則不然，哲學開闢了自己的道路，以「愛好智慧」為標竿，扣緊理性思維的原則，以此考察人類的現實生活與高遠理想。這樣的哲學即使可能在一段時日，甚至長達千年傾注全力於探索自然界或輔助宗教界，但總是會保存其「一點靈明」，而再度回到人的主體性，建構「以人為中心」的思想大廈。用「江山代有才人出，一代新人換舊人」一語描寫西方哲學界，可謂恰如其分。

初學者面對這樣的遼闊天地，內心難免惶惑。我讀大學時，一位老師鄭重提醒我們：「要想念好西方哲學，必須學會五種語文：希臘文、拉丁文、法文、德文、英文。」然而，就算學會這五種語文，還要看你有無研習哲學的興趣及領悟哲理的慧根。我的學習方法是最笨的，後來卻證明是最有效的。先說語文，除了希臘文，其他的我都認真學過，但真正學得好的只有英文。我很早就從事翻譯工作，把英文哲學作品譯為中文，數量總計超過二百萬字。這實在是笨工夫，但效果很好，因為翻譯是用中文清楚表達原文的所有含義。經過這樣的自我訓練，許多西方哲學家成為我的老師與朋友。

我在臺大哲學系教書，近年的研究領域是中國哲學，但是前二十年我一直在教的是「形上學」與「宗教哲學」，後來還教了三年的「西洋哲學史（上）——希臘及中世紀」。在教學過程中，我逐漸明白一個道理，就是：我們不是西方人，我們學西方哲學目的有二：一是了解西方文化的核心理念與根本關懷，二是學會西方人的思辨方式與系統架構。從這樣的角度講解西方哲學，學生才可真正受益。

接著，西方哲學引起許多社會人士的興趣，民間基金會與學習機構也開辦了這一類課程。我在洪建全基金會講過「西方心靈的品味」，介紹二十四位哲學家的人生觀；後來還以連續三年的時間暢談「西方哲學精華錄」，共七十二講。在教學相長的過程中，我又體認了一個事實，就是：西方哲學家的一個觀念或一句名言，常可助人想通人生的某種奧妙道理。所謂「他山之石，可以攻錯」，確非虛語。這些哲學家在文化上與時空上，同我們相距甚遠，但是正因為這樣的距離，使我們覺悟了：只要是人，就須面對某些永恆而普遍的難題，並且這些難題的解答不出幾種可能的選項。既然如此，我們就沒有必要困陷於自己當下的迷惘處境，並且對於化解這些處境的線索也開始有了頭緒。

尼采說：「哲學家是文化的醫生。」醫生有辦法測知病情的趨勢，也有能力把握救治的線索。明白人生的趨勢與線索，不正是轉危為安、化苦為樂的契機嗎？一般人沒有耐心閱讀哲學家的長篇論證與繁複思辨，因此我以「點到為止」的短文方式，介紹西方哲學家的生平軼事與思想點滴，總計二百零九篇。現在集結成書，希望能為好學的朋友提供一點沉思的趣味。

傅佩榮 寫於二〇一二年十月八日

# 古代哲學
Ancient Philosophy

01

## 希臘第一位哲學家

# 泰勒斯

## Thales

約624-546B.C.

出生於愛奧尼亞的城邦米勒圖，是古希臘時期的思想家、科學家，也是希臘最早的哲學學派——米勒圖學派（又稱愛奧尼亞學派）的創始人。西方思想史上第一個有記載有名字留下來的思想家，是學界公認的「哲學史第一人」，被稱為「科學和哲學之祖」。泰勒斯提出萬物均由水組成的宇宙觀，認為地球是一個漂浮在大海上的圓盤，地震則是水震盪所造成，是第一個以自然界本身的運作原理，來解釋宇宙萬物的人，不再訴諸超自然的力量，因此有人認為他是「科學之父」。他發現了幾項重要的幾何學原理，泰勒斯定理便是用他的名字命名，因此也有人認為他是「數學之父」。

# 廚房有神明

希臘第一位哲學家是泰勒斯，他對於傳統以來用神話故事來解釋宇宙的起源不太滿意，於是根據他觀察經驗的心得，提出不同的說法。他長期研究自然現象，甚至預言了在公元前五八五年五月二十八日所出現的日蝕。我們由此可知他的出生年代約在公元前六二四年。

他說：「宇宙的起源是水。」這句話讓當時的希臘人耳目一新。「水」是我們生活中常見的質料，它本身是液體，結冰時成為固體，燃燒後變成氣體，這樣似乎可以說明萬物的狀態。他又說：「一切都充滿神明。」因為當時的人認為凡是存在之物都有活力，而活力表示神明的力量在運作。譬如，磁石可以吸鐵，其中不是有神明嗎？

他看到人們都去神殿向神明禱告，就在自己家的廚房門楣上，刻下一行字：「請進，這兒也有神明！」廚房是準備食物的地方，看來髒亂而毫不高貴，但是神明不是無所不在嗎？沒有廚房又怎麼會有飯桌上可口的食物呢？我們為何要厚此薄彼呢？

哲學家總是設法用簡單的概念來表達豐富的思想。他們有時一個動作或一句警語，就值得我們細加品味。多聽聽這些趣事，應該可以讓自己的心胸更開闊。

# 精明的腦袋

泰勒斯住在地中海沿岸的米勒圖，在今日小亞細亞的海邊。米勒圖是當時的貿易中心，經濟發達，資訊流通，慢慢出現了一批有錢又有閒的人。這些人樂於追求新知，但是對泰勒斯整天專注於觀察自然現象的作為仍然感到不解。一位朋友勸告泰勒斯認真賺錢，不要光講些不著邊際的空話。

泰勒斯接受這個挑戰。他從觀察天象發現那一年的橄欖將會豐收，於是收購城裡所有的榨油機，再以高價出租。農民在橄欖收成之後「必須」使用榨油機，否則無法製成高價的商品。像橄欖油與葡萄酒，直到今天都還是希臘地區的著名產品。結果呢？一個冬天下來，泰勒斯就賺到了別人一輩子才賺得到的錢。

他向朋友證明自己不是沒有發財的本事之後，就繼續探討他的自然現象去了。沒有人不喜歡發財，但是人生難道只是為了謀財嗎？難道這件事不會讓人覺得重複而乏味嗎？生活過得去就可以了，重要的是「愛好智慧」，探討宇宙與人生的真相。在希臘文裡，「愛好智慧」就是「哲學」的意思。「愛好」一詞，表示有永不停息的要求，藉此逐漸接近覺悟的門檻。對於像泰勒斯這麼精明的腦袋，賺錢實在是微不足道的事。

# 笨拙的腳步

觀察星象的時機是晚上。泰勒斯經常利用傍晚時間走到郊外。陪著他出門，為他提油燈照路的是一個來自色瑞斯的女傭。他的心思放在頭上的穹蒼，於是仰首觀察行星的位置與移動方式，又怎麼可能注意地面的情況呢？

有一次，他走著走著，一跤摔進一口淺井中，弄得十分狼狽。女傭不禁笑出聲來，說：「我們家主人連地面的狀況都沒搞清楚，卻去關心天上的狀況。」這句話自此成為後人嘲笑哲學家的名句。

其實何止是哲學家如此，科學家愛迪生不是把手錶當成雞蛋放進鍋中煮嗎？藝術家梵谷不是把顏料當成鹽放進菜中烹調嗎？凡是專心從事某項研究的人，不是會暫時忽略日常瑣事嗎？

哲學家當然是最容易受人嘲弄的，因為他所關心的不是有形可見的現象，而是這些現象背後的本質或本體。譬如，他看到雨後天空出現彩虹，他要質疑：真的有彩虹嗎？彩虹的本質是什麼？這種本質從何而來？如此一直追問下去，不是要質疑萬物的本質是什麼以及萬物由何而來嗎？這些問題有標準答案嗎？

在探討這一類難題時，哲學家的言行表現在世人眼中顯得相當笨拙。不過，經由這看似笨拙的過程，也許才有可能得到智慧的啟迪。

02

## 泰勒斯的傳承者

# 安納齊曼德

## Anaximander

約610-546B.C.

出生於愛奧尼亞的城邦米勒圖，是泰勒斯的助理和學生，也是前蘇格拉底時期的米勒圖學派第二代自然哲學家，上承泰勒斯，下啟安納齊門尼。他認為萬物的本源不是具有固定性質的東西，而是無固定形式和性質的「未定物」(apeiron)。他著有《論自然》，並把日晷儀介紹到希臘世界，也繪製了一幅當時的世界地圖。

# 測量金字塔

希臘早期的哲學家對埃及的數學與巴比倫的天文學都有所認識，有些人還專程前往遊歷及學習。泰勒斯的助手安納齊曼德也是一位熱衷於探討萬物的學者。他曾製作一張當時西方世界最早的地圖，提供米勒圖水手在航行黑海時使用。

他最為人津津樂道的是找到測量金字塔的方法。到過埃及的人都知道，在仰觀金字塔時也希望弄清楚它有多高。

安納齊曼德說：「當一個人在太陽底下的影子與他的身高一樣長時，只要在這時去測量金字塔的影子，就可以確定它有多高了。」這話聽來很有道理，有興趣的人自然會去做個實驗。

那麼，他對萬物起源有何看法呢？他認為萬物如此複雜，起源應該是某種「未定物」，這未定物可以演變為任何東西。不過，在演變時又有一定的限制。譬如，夏天太熱了，會變成秋天；冬天太冷了，會轉為春天，如此才可均衡而持久。這裡隱含了正反兩端的互動理論。

他還認為生命來自海洋，一切動物的存在形態都是為了適應環境而演化成的，連人類也不例外。這些看法雖然在當時無法得到證實，但已經為十九世紀演化論開了先河，具有深刻的睿智，值得我們欣賞。

03

## 用數字解說萬物的人

# 畢達哥拉斯

## Pythagoras

約570-495B.C.

古希臘的哲學家、數學家和宗教家。生於米勒圖稍北之處的薩摩斯島，該島深受古代奧爾菲教派的影響，後來他便在南義大利的克羅頓，創立了結合宗教和哲學的畢達哥拉斯學派(Pythagoreanism)。他試圖用一個元素，亦即數字，來解說萬物的起源。「畢氏定理」是他著名的發現之一。

# 數學的奧妙

數學上有所謂的「畢氏定理」，就是：直角三角形，斜邊的平方等於另外兩邊的平方的和。「畢氏」所指的是希臘哲學家畢達哥拉斯。

畢氏認為數字最重要。萬物皆是可數的，人們也能藉數字表現許多東西。兩件相關的事物，可以由數字比例來顯示其間的關係。他還發現音樂離不開數字，譬如發音器振動數的不同會產生音調的變化，音階更建立在數的比例上。音樂的和諧以數為主，因此宇宙的和諧也以數為主。

畢氏建立一個學派，專門研究數學，並且遵行宗教儀式。先就數學來說，「一是點，二是線，三是面，四是立體」。這「一二三四」是最初的數字，其總和為十，而十代表完美。因此，學派成員聚會時必須向一個神聖的圖形行禮，那圖形就是「∴」。從三個角度看過去都是「一二三四」的順序。

類似的例子還有：四是正義，五是婚姻，六是靈性，七是健康等。至於理由何在，則有待你去沉思冥想了。不過，數學家畢竟在科學上有些過人的見解。譬如，畢氏首先提出「地動說」，認為地球、太陽以及其他的行星，都是環繞著「宇宙的火爐」在運行著。這在當時雖然無法證實，但仍然代表了先見之明。

## 輪迴的觀念

畢達哥拉斯在希臘時代的哲學家之中，同時具備數學家與宗教家的身分。他受到東方奧爾菲教派的影響，相信靈魂輪迴。

他認為，人由身體與靈魂所組成，靈魂是人的本質，身體只是某種載體。靈魂不會死亡，而是一直在輪迴之中。他曾制止一人打狗，說他從狗的哀鳴中聽出一個老朋友的聲音。既然這條狗是老朋友輪迴變成的，那麼我們怎能忍心吃狗肉呢？

談到宗教，難免會有各種禁忌。畢氏學派的規定很多，還包括：不要踩在門檻上，不要戴指環，不要在燈旁照鏡子，不要在灶灰上留下鍋子的痕跡，不要吃豆子，要撫平睡過的床鋪。更細節的還有：洗腳時先洗左腳，穿鞋時先穿右腳等。

信徒接受這些規定，不妨照著去做，但是不信宗教的人呢？畢氏學派曾在義大利克洛頓執掌大權，就要求全城百姓都必須如此生活，結果引起公憤，整個學派都被逐出城。

純粹由人生修養來看，畢氏學派有其可取之處。他們認為人生最重要的是三件事：
一、靜默修持；
二、欣賞音樂；
三、研究數學。
目標都是要妥善照顧自己的靈魂，讓他在輪迴過程中越來越完美。

04

## 辯證法的奠基者

# 赫拉克利特

## Heraclitus

約535-475B.C.

生於愛奧尼亞地區愛菲斯城邦的一個王族家庭，本來應繼承王位，卻將王位讓給他的兄弟，跑去女神阿爾忒彌斯廟附近隱居。據說他生性憂鬱，被稱為「哭臉哲學家」。他繼承了米勒圖學派的傳統，認為火是萬物的本源，萬物由火而產生，又復歸於火，還提出了萬物流轉的變動觀。他對辯證法的貢獻是提出萬物變動都遵循著邏各斯，即一切都遵循著規律，以及矛盾的雙方相互依賴、相互鬥爭和相互轉化的思想，在哲學史上產生極其深遠的影響，是後世所有辯證法思想的源泉，被稱為辯證法的奠基人。

# 性格與命運

赫拉克利特說：「人的性格就是他的命運。」這句話聽起來有些悲觀，好像一個人生下來具備某種性格，他就一輩子無法改變了。

但是，對照希臘原文就會得出不同的結論。所謂「性格」，是指一個人在某個社會中成長時，所接受的風俗習慣與法律規章，由此逐漸形成的人格特質。換言之，一個人長期的言行表現就代表了他的性格。那麼，由這樣的性格所帶來的個人遭遇不是合乎情理嗎？這一切不都是自己造成的嗎？

其次，所謂「命運」，一般是指遭遇而言，譬如生在何時何地，家庭背景如何，成長過程發生什麼事等等。希臘人相信，每個人出生時都帶著一張命運之圖，它會預示往後將發生的一切。有時命運宛如神靈，會在關鍵時刻提醒人何去何從。

因此，「性格即是命運」這句話不但不是宿命論，反而深具突破與創新的啟示，要求我們從改善自己的性格著手努力。只要性格改善了，往後的命運也隨之步上正途。這不是我們常說的「命運把握在自己手上」的觀念嗎？改善性格絕不是容易的事，要長期閱讀及思考以求了解自我，還要勇敢付諸行動，在真實人生中提升自己的各種能力。

# 萬物在流轉

赫拉克利特出身希臘貴族家庭，很早就看透了世間的虛偽作風。他憤世嫉俗，有時指名道姓批評有地位的人物，有時又含蓄委婉地說一些像是謎語的話。別人稱他為「晦澀」的哲學家。

他說：「驢子情願吃草，不要黃金。」

人類有財產觀念，才會謀求財富而忘記人生許多更重要的事。「對人來說，海水又鹹又不健康；對魚來說，海水又健康又可口。」這表示世間萬物各有價值，不必全依人的需要來作評估。不僅如此，有缺乏才有需要：渴的人想喝水，餓的人想吃飯，累的人想睡覺。一物的價值要看情況而定。

赫拉克利特主張萬物在流轉，他說：「你不能兩次把腳伸入同一條河流。」因為第二次伸腳所接觸的水已經不是第一次同樣的水了。這句話譯為中文，是：「濯足長流，舉足復入，已非前水。」

為了說明萬物流轉不已，他用「火」作為比喻。火不能停止燃燒，一停止就熄滅。火消耗多少木柴就製造多少熱量，所以整個宇宙的變化也是處於「消耗與製造」的均衡狀態中。為了要維持這種均衡，必須有個宇宙的「理性」在監管一切。由此可見哲學家的觀點越來越完整了。

05

## 西方第一位一神教信徒

# 贊諾芬尼斯

## Xenophanes

約565-473B.C.

古希臘哲學家、詩人、歷史學家和宗教評論家。出生於雅典附近的阿提卡城。他批判了「神人同形同性說」，認為神的形象與性格與人不同，並發展了一神論的觀念，被視為西方第一位一神教信徒。

# 神與人不同

希臘神話的特色之一是：神的表現像人一樣，會生氣、嫉妒、謀害、作戰，同時也會喜悅、驕傲、愛美、稱霸。在人類身上所發生的各種離奇事件，原來是諸神早已做過的示範。這種神明觀念顯然不夠莊嚴也不夠超越。

贊諾芬尼斯首先對此提出批判。他說：「如果牛、馬、獅子有手，也可以繪畫，那麼牠們所畫出來的神一定同自己一樣，分別像是牛、馬與獅子。」即使在今天，你讓同一個教派的信徒描寫他們所信仰的神明，結果一定是各畫各的，沒有兩個人的神是長得完全一樣的。

真正的神沒有固定的形象，因為祂沒有身體，也不會居住在某個地方。祂與世間萬物沒有任何相似之處。祂不會走動或變化，因為任何變動都表示不夠圓滿。祂不會是多數的，因為「許多」神彼此之間如何協調呢？神是「一」，本身圓滿自足。

這種觀念在希臘當時引起軒然大波，因為一般民眾不太喜歡思考，總覺得神的世界如果多采多姿，人類才會有許多學習與模仿的對象。原來人們相信太陽是阿波羅神，現在忽然聽說那只是一塊熾熱的火球，那不是大煞風景嗎？

哲學家關心的不是一般人的樂趣，而是事物的真相。神與人確實有所不同。

06

## 埃利亞學派的創始者

# 巴門尼德

## Parmenides

約510-440B.C.

誕生在義大利南部的愛利亞，是最重要的「前蘇格拉底」哲學家之一，也是埃利亞學派的創始人。他是贊諾芬尼斯的學生，同時也受到畢達哥拉斯學派成員的影響。他區分現象與實在，認為存在不應由非存在產生，實在界必須是永恆的一；存在是不變動的、真實的，而感性世界的事物是非存在，是假相，人不可以憑感官來認識真實。

# 女神的智慧

雅典的城邦之神是雅典娜。雅典娜有兩個頭銜：智慧女神與戰神。有智慧的神能在戰場上克敵制勝，這是合理的思維。

巴門尼德探討真理，認為感官所見的萬物充滿變化，一點都不可靠。他寫了一首詩，描寫一位求知者來自黑夜之屋，乘坐「太陽姑娘」所駕的馬車，奔馳在人煙稀少的路上，此時通往白晝與黑夜之門為他而開，最後得到一位「女神」的啟示而覺悟了什麼是真理。真理是一個整體，而人們的意見總是相互對立的，因此意見不是真理。他的思想由此揭示了一個重要觀點：依循意見，將會陷入虛無的幻境；至於真理，則是永恆不變的。

後來，蘇格拉底在探討「美」時，強調自己是受了女祭司狄歐提瑪的開導，才算認清了美的本質。換言之，美的不是有形可見的萬物，而是那使萬物顯示秩序的基礎。若要欣賞美，必須排除感覺作用，訴諸理性的光明。

由此可見，希臘古代有「智慧女神」的傳統。從雅典娜開始，智慧需要冷靜與光明。女神與女祭司有如懷抱大地的母親，包容一切並且欣賞一切。至於男性，也許因為他們負責世間的瑣碎事務，以致心思紛亂而識見不純，缺少領悟智慧的機緣。

## 讓心思安靜

巴門尼德分辨真理與意見。他認為，一定要避開意見這條叉路，他說：「我們的思想要遠離這條叉路，再有經驗的習慣也不能強迫我們走向這條路，隨著它放手讓茫然不知所從的眼睛、耳朵與舌頭自由行動。」感官所得的一切確實讓人無所適從。

他接著指出，世間萬物只有兩種情況：或是存在，或是虛無。由於虛無根本不存在，不可作為認知的對象，所以他的結論聽起來很奇怪：凡存在之物皆為存在。

這句話表面看來是同語重複，其實還有後續的推論。首先，我們只能就「現在」來作判斷，而不能涉及過去與未來。過去的已經不存在，如何能對它判斷？未來的尚未存在，又怎能對它加以判斷？其次，既然談的是「現在」，則一切都是存在，那麼就不可能有任何變動，因為變動是「由存在到不存在，或由不存在到存在」。如此一來，所有的變動都是幻覺。

不但沒有變動，也沒有多樣性，因為存在就是存在，是「一個」完整的東西。我們靠感官而以為這個世界上有很多花樣，譬如：山河大地、花草樹木、鳥獸蟲魚。其實這一切都是存在，也都統合為一個整體。讓心思安靜下來，我們偶爾也會體察這種一體的喜悅。

07

# 埃利亞學派的傳人

# 芝諾

## Zeno of Elea

約490-435B.C.

他是巴門尼德的學生，也是埃利亞學派的代表人物。「芝諾悖論」是他提出的一系列關於運動的不可分性的哲學悖論，來支持老師巴門尼德關於「存在」不動、是一的學說，這些反對存在運動的論證最著名的兩個是:「阿基里斯追烏龜」和「飛箭不動」。

# 追不上烏龜

芝諾是巴門尼德的學生，他知道老師有關存在的觀點受到別人嘲笑。世間不是明明有變動也有多樣性嗎？怎麼居然會有腦袋清醒的人公開宣稱既無變動也無多樣性呢？

芝諾為了證明沒有變動，提出一個「阿基里斯與烏龜賽跑」的比喻。阿基里斯是希臘有名的飛毛腿，但是他如果讓烏龜先走一步，他就永遠追不上烏龜了。

怎麼說呢？關鍵在於：任何距離都是由無數的「點」所構成的。因此，只要烏龜先走了一步，那麼這一步不管多短，都是由無數的點所組成。然後，每當阿基里斯的前腳追到烏龜的後腳時，只要烏龜繼續往前爬行，牠就一定又往前領先了一點點。即使是一公分，也擁有無限數目的點。既然是無限數目，阿基里斯又怎能在有限的時間跨越無數的點呢？

不僅如此，芝諾還認為「飛箭不動」。你射出一枝箭，這枝箭在每一剎那都占有一個空間上的位置，但是在空間占一位置則必須是靜止的，因此飛箭在每一剎那都是靜止的。如此一來，它不是不動的嗎？

芝諾本人在生活上依然是肯定變動的，不然他怎能離家去上學呢？他的詭辯是要提醒人們：不要輕易嘲笑別人的觀點。

08

# 提出火、氣、土、水是萬物之根的哲學家

# 恩培多克勒

## Empedocles

約490-430B.C.

西西里島的阿格里根特人，埃利亞學派的代表人物之一。據說他為了證明自己的不朽，跳進埃特納火山，因為他相信在經火焚燒之後會作為神回到人間。他認為萬物皆由土、氣、火、水四者構成，再由「愛」使所有元素聚合，或是「恨」使所有元素分裂。

# 多元宇宙觀

宇宙是由什麼元素構成的？如果是由一個元素所構成，就稱為「一元論」；如果是由二個以上的元素所構成，就是「多元論」了。

由於宇宙現象既繁多又複雜，所以希臘哲學家恩培多克勒主張多元宇宙觀，認為宇宙是由「土、氣、火、水」這四種元素所構成。這四種元素相互不能化約，本身不生不滅，然後萬物都是它們的聚散分合。

聚散分合所顯示的是變化，那麼造成變化的原因又是什麼？恩培多克勒認為答案是兩種力量：愛力與恨力。愛力與恨力一直在爭奪統治權，因此而使萬物處於聚散分合的過程中，永不停息。

愛力帶來和諧，最初的狀態十分美妙：「萬物形成一個圓球體，既沒有太陽輕快的羽翼，也沒有大地粗糙的山野，更沒有海洋的波濤洶湧。在『和諧』緊緊覆蓋下，神明飛速穿梭其間，欣喜於自身循環無已的孤獨。」

他又說：「起初，一切肢體都屬於同一個身體，在燦爛生命的高昂季節中，由愛力聚合而成；隨後，卻被殘酷的恨力所分裂，讓它們各自徘徊於生命之海的碎浪邊緣。

然後，植物與魚類在水澤中居住，走獸在丘陵上鑿穴，海鳥則以飛翼四處翱翔。」這是「分久必合，合久必分」的宇宙觀。

## 靈魂的輪迴

希臘人對靈魂的看法，由簡單而趨於複雜。在荷馬的史詩中，阿基里斯是傑出的英雄，最後在特洛伊戰爭中陣亡了。他死後到了地府，發現自己像個幽靈一般，只配做個影子而沒有真實的身軀。他這才懊惱萬分，說：「我寧可在世間做一般人的奴僕，也不願在陰間地府稱王。」

恩培多克勒的觀點，接近畢達哥拉斯，也主張靈魂輪迴，如此一來，人對於死亡就不必過分在意了。他公開這麼說：「我過去曾經投胎為男孩、女孩、灌木、飛鳥，以及海中的魚。」投胎轉世的目的是要不斷修練，使自己越來越完美。

最完美的人是醫師、王子、詩人、哲學家。若能兼具這四種身分，就接近神明了。他自認為是這樣的人。據說他最後為了讓人們相信自己升天為神，還跳入埃特納火山口。不過，由於人們在火山口內找到一隻他常穿的拖鞋，這才發現真相，原來他是跳進了火山口而不是升到天堂上去。

主張靈魂輪迴的人常常忽略一個重要問題，就是：到底輪迴的規則是什麼？是什麼力量在主導這個規則？如果不先說明清楚這個問題，光講輪迴是沒有什麼意義的。

09

## 將哲學引進雅典的學者

# 安納薩格拉

## Anaxagoras

約500-428B.C.

出生於愛奧尼亞的克拉佐美尼，古希臘哲學家、科學家。他是米勒圖學派的哲學家安納齊門尼的學生，在雅典人戰勝了波斯人之後，他來到了雅典，是第一個把哲學介紹給雅典的哲學家，影響了蘇格拉底的思想。他是著名的自然科學家，認為太陽是一團燃燒的物質，月亮只是一塊土。

# 誠實的告白

天上掉下一塊隕石，安納薩格拉由此斷言：整個天是由石塊造成的，強烈的旋轉運動使這些石塊聚集在一起。運動一旦停止，石塊就掉下來了。

他繼續推論說：「太陽是一團燃燒的物質，月亮只是一塊土。」這對於相信神話中太陽神與月亮神的希臘人而言，是不可饒恕的褻瀆大罪。於是別人告他不敬神明，另外還羅織他一項通敵的罪名。當時雅典的執政者是柏里克利斯，設法讓他免於牢獄之災，回歸家鄉米勒圖。

他在那兒創辦一所學校，臨終時希望自己每年的忌日可以定為學生的假期。他繼承了豐厚的家產，臨終時也全部分贈親友。

他觀察萬物的變化，發現萬物彼此相通。譬如，牛吃的是草，產出來的卻是牛奶，這表示草中有牛奶的成分。人喝牛奶，長的卻是人的骨骼與身體，可見牛奶與人身也有相通的成分。他問：「毛髮為何來自非毛髮？肉為何來自非肉？」答案是：在萬物中，一切東西都互相滲透。一切都混合為一；一切也都在整體之中。「在每一物中，皆含有其他一切東西的成分。」

這種觀點有些道理，但是接著要問：形成各種變化的，又是什麼原因？

## 心智的作用

萬物是怎麼形成的？形成之後又是怎麼運作的？設計及推動這一切的因素是什麼？希臘哲學家到了安納薩格拉，才提出一個新穎的答案：心智。

所謂心智，意思當然是指像人類心智那樣的能力。若不是靠著心智，宇宙如何可能顯示有秩序的外觀：日月星辰依其軌道運行，春夏秋冬保持固有的次序，並且萬物的發展也沒有什麼矛盾或意外出現。

安氏的觀點讓人振奮。宇宙的存在不是偶然的物質碰撞所造成的，它由一個超級心智所安排管理。既然如此，人類的生活不是找到目的了嗎？人生不是為了發現或配合這個心智所安排的目的嗎？蘇格拉底為此特地推崇安氏，但是後來又難免於失望。何以如此？

安氏認為，一切都由心智在安排。「這個永恆的心智，確實存在於其他一切事物的存在之處，以及周圍的物質中，曾與這物質相關聯的以及與它分離的東西裡面。」心智所發起的是一種渦旋運動，然後萬物就由這個渦旋運動在操控。由此可見，安氏的「心智」只扮演「發動者」的角色，並未真正以合乎理性的方式在管理整個宇宙。蘇格拉底對此無法苟同，但是至少得到了寶貴的啟示。

10

## 原子論的創始人

# 德謨克利特

## Democritus

約460-370B.C.

來自古希臘愛琴海北部海岸的自然派哲學家。他是「原子論」的創始者，認為每一種事物都是由原子所組成的，萬物的本質是原子和虛空，並由原子論入手，建立了認識論。他也是第一個百科全書式的學者，在哲學、物理、數學、天文、動植物、醫學、心理學、倫理學、教育、藝術等方面都有所建樹。相對於赫拉克利特，他被稱為「笑臉哲學家」。

# 古代唯物論

希臘早期的哲學家在沉思萬物的真相時，習慣由感官所得的「物質」來作解釋。完成這種唯物論系統的是德謨克利特。他的學說又稱為「原子論」。

所謂「原子」，在希臘文的原意是指「不可切割之物」。因此，原子是構成萬物的基本單位。只有原子與「虛空」存在。因為若無虛空，則原子無法活動。原子的性質相同，但體積與形狀有所差異，由此產生初期的碰撞，後續則是相互之間的反彈效應，直到出現具有某種性質的可見的物體。這就是萬物形成的過程。

德謨克利特對自然界的觀察在當時是先進的。他認為：太陽是白熱的鐵或一塊燃著的石頭；當月亮直接面對太陽時，它就被照亮了，以致它就像自己在發光一樣，並且使太陽光一直照到我們這裡；銀河是無數很小而相連的星辰所發出的光，這些星辰因為緊鄰在一起而彼此照耀。

既然是唯物論，他如何看待人的靈魂呢？他認為，靈魂是球形原子所構成，因為球形最能動也最有穿透力。「當靈魂在體質很平衡時，就會產生思想。」如果身體覺得很冷或很熱，思想就亂了。這種唯物論的人生觀能有什麼內涵呢？這是值得探討的問題。

# 依感覺而活

德謨克利特主張原子論，認為靈魂也是一種原子，只不過是特別精細而已。它的思考全依身體的感覺而走。既然如此，感覺就成了人生的指導方針。

與感覺有關的是藝術。一個人要想成為大詩人，就必須充滿熱情。熱情不能脫離感覺。當然，天賦的才華也不可忽視，他說：「荷馬賦有一種神聖的天才，寫成了驚人的各色各樣的詩。」因此，與其說荷馬努力寫詩，不如說他是「命中注定」成為詩人。一切都是必然的，人也沒有自由可言。

有趣的是，德謨克利特依然對人們提出許多有用的建議。他說：「人們只有通過有節制的享樂，度一種寧靜的生活，才會得到一種精神上的愉快。」他又說：「愉快的人，總是想做正義的與合法的事，無論醒著或睡著，他都快樂，無所懼也無所憂。」

還有，「幸福不在於擁有牲畜或金子；靈魂是一個人的精靈之居所」。所謂「精靈」，是指命運（包括善的與惡的）而言。像這些勸世格言如果予以深究，恐怕都會自相矛盾。因為既然一切都是必然的或命定的，人也沒有自由可言，那麼德氏或任何人的勸誡又能產生什麼作用呢？他只不過是發出一堆原子碰撞的聲音罷了。

11

## 相對主義的先覺

# 普羅塔哥拉

## Protagoras

約490-420B.C.

出生在色雷斯的阿布德拉城，被柏拉圖認為是辯士學派的一員。他接受了赫拉克利特萬物流轉的思想，並提出一個著名的命題：「人是萬物的尺度」，認為事物的存在是相對於人的感覺而言。他把人作為重要的哲學研究對象，是古希臘自然哲學過渡到下一階段的指標，也對後來的相對主義、個人主義和自由主義的發展有著重要的影響。

# 萬物的尺度

「人是萬物的尺度。」這句話是普羅塔哥拉的名言。聽起來豪氣干雲，但是意思卻有些含混。

試問：這裡所謂的「人」，是指人類，還是指個人？若指人類，則意思是說：人類可以決定萬物的價值。譬如，黃金比石頭貴重，鑽石又勝過黃金。這是相當清楚的事情，所以說這句話等於沒有表達什麼特別的主張。

「人」若是指個人，則天下每個人都不同，海邊有逐臭之夫，又要如何衡量所謂的萬物呢？並且，個人在判斷時，所依據的是感覺還是理性？這也是大異其趣的。就感覺而言，個人確實有權作自己的評估，你認為冷，他認為熱，正如西方俗語所云：「口味全依個人所好，沒有優劣之分。」但是就理性而言，人與人之間要找到共識，恐怕不太可能。

普羅塔哥拉接著說：「他看起來存在的事物就是存在，他看起來不存在的事物就是不存在。」因此，普氏強調的顯然是感覺「看起來」如何了。既然如此，天下人都各有自己的一套真理標準，那麼又何必學習呢？

矛盾的是，普氏屬於辯士學派，而這個學派的人是專門以教育為職業的。如果真理是相對的，誰可以教別人呢？

## 相對的價值

希臘城邦林立，各有自己的法律與風俗，辯士們到處旅行，見多識廣，很快就發現人間許多規範是相對的。在這裡認為是善的行為，換了一個城邦可能是無關善惡的，然後到下一個城邦也可能變成惡的行為。如此一來，我們為什麼「必須」遵守規範呢？

這種觀點促使人們深入思考，並且用言語進行討論與爭辯，最後可能動搖一般人生活中所依據的信念。不過，它也有一種好處，就是提醒人不要墨守成規或抱殘守缺。蘇格拉底批評辯士，認為他們混淆視聽，並且陷入懷疑主義的困境。

的確，普羅塔哥拉說：「一方面某些人比其他人聰明，但另一方面沒有人的想法是錯的。」他到底想表達什麼？他在判斷好壞或善惡時，所考慮的是行為的「效果」。效果有利則是善的行為，有害則是惡了。但是，效果有遠近之別及大小之分，又要如何判斷？

他倒是說了一句很有道理的話：「關於神明，我們一無所知。既不知他們是否存在，也不知他們形象如何。阻礙我們獲得這類知識的因素很多，譬如對象太過模糊，與人生太過短促。」這種觀點削弱了人們對傳統宗教的信念，至少提醒人們不要太過迷信神話中的諸神。

12

## 辯士學派的代表人物

# 高爾吉亞

## Gorgias

約483-376B.C.

前蘇格拉底時期的哲學家及修辭學家，原居於希臘修辭學發源地的西西里倫蒂尼。早年跟隨恩培多克勒學習修辭、辯論、自然哲學和醫學，與普羅塔哥拉同為首批辯士學派的學者。他最為人所知的是他把修辭學由西西里帶到阿提卡，又將阿提卡方言融入散文文學中。

# 溝通的困難

有些人號稱「智者」，其實是喜歡詭辯。希臘時代的高爾吉亞說了三句讓人聽了頭疼的話：一、無物存在；二、即使有物存在，也不可能被人認識；三、即使有物存在，同時可以被人認識，但這種認識也不可能與別人溝通。

我們要反駁他的觀點，就須把焦點放在第三項「溝通」上面。因為他自己對前二項都作了讓步。試想，如果「無物存在」，他又何必大放厥辭？他應該緘默不語。其次，我們在「認識」某物時，使用約定俗成的概念，如此就不會弄錯了。但是，在「溝通」時，難免造成許多誤會，所以這才是關鍵所在。

譬如，我對別人說：「想開一些，不要自尋煩惱。」別人聽得懂嗎？我掉了一百元，可以想開一些；別人掉了一萬元，又要如何想得開呢？即使別人也只是掉了一百元，但那可能是他一天的生活費啊！我的一百元只是一天的零用錢呢！因此，我又怎能勸他不要自尋煩惱呢？

完美的溝通似乎是不可能的，所以要不斷努力互相了解。莊子認為，真正的朋友不必說什麼話，彼此之間就可以「相識而笑，莫逆於心」。有時不必急著溝通，在別人煩惱時，默默傾聽或只是陪在一旁，就是最好的朋友了。知道溝通不容易，我們更會謹慎說話。

13

## 西方哲學的奠基者

# 蘇格拉底

## Socrates

約469-399B.C.

出生於雅典，和其追隨者柏拉圖及柏拉圖的學生亞里士多德，被稱為「希臘三哲」。他對西方思想最重要的貢獻，就是以問答進行的辯證法，又被稱為蘇格拉底教學法或反詰法，他將其運用於探討如神和正義等許多重要的道德議題上。他被視為西方倫理學、道德哲學的奠基者，也是西方哲學的主要思想根源之一。

# 哲人的妻子

蘇格拉底沒有寫下任何著作，但是他的生平事蹟卻讓人津津樂道，這要歸功於當時的文學作家以及弟子柏拉圖所留下的資料。

據說他的父親是一名雕刻匠，這在當時是相當普通的行業。他的母親是一名助產士，這個職業就給了他不少啟示。他後來善於在討論中讓對手陷入困境，再引導對手自行領悟真理何在；他說：「我是在幫助別人生出智慧的胎兒。」他以智慧的助產士比擬自己。

他的妻子贊弟培對他整天在外與人聊天，深感不耐。有一次，蘇格拉底到了天亮才回家，妻子難免大發牢騷。蘇格拉底只好奪門而出，這時妻子由後面潑來一盆水，把他全身都淋溼了。他口中念念有詞，說：「我知道打雷後，一定會下大雨。」

自此西方流傳一句話：「妻子溫柔，則一生幸福；妻子凶悍，則可以成為哲學家。」這當然是戲謔之詞。蘇格拉底被人誣告，接受審判時，還提及自己有三個尚未成年的兒子。他在獄中時，與弟子暢談人生道理，還特別叮嚀別讓妻子與小孩的哭泣聲干擾他。

從贊弟培的眼光看來，蘇格拉底不是一位稱職的丈夫與父親。至於蘇氏是不是偉大的哲學家，她實在是無從判斷。

## 城內的居民

蘇格拉底年輕時，學習當時流行的哲學，就是探討宇宙萬物的根源。這種學習所得到的答案，無非是由「地、火、水、氣」等元素去解釋萬物的成分與變化。但是，如此一來，人類的生命要怎麼安頓呢？難道人類也只是由物質所組成的嗎？人類的生命沒有更高尚的目的嗎？

他終於決定轉移方向，他說：「我的朋友不是城外的樹木，而是城內的居民。」他不再費心探討自然界，而要開始注意「人」的問題了。人的特色在於：有理智，可以思考；有自由，可以選擇。因此，如何作正確的思考與選擇，就成為首要的問題。

就思考而言，蘇格拉底從來不作公開演講，而總是到處與人聊天。他的聊天後來成為重要的教育方法：反詰法。他只要聽人談到諸如「善、美、勇敢、虔誠」之類的語詞，就會不斷詢問其意，讓人不得不承認自己無知。他自己也以「無知」自許。

有關德行的知識，是不能脫離主體的自覺與親身的體驗的。因此，從無知走向真知，所需要的是實踐；也只有實踐，可以使人日趨於善。蘇格拉底相信：德行與知識是不可分的，一個人知道何謂善，他就必然會行善。這裡面不能考慮現實的利害，即使死亡也不能使他放棄行善。

## 真誠的反省

蘇格拉底在七十歲時，受人誣告，說他「不信城邦的神，自立一個新神，並且腐化雅典青年」。

所謂「腐化」雅典青年，當然是誣告。蘇氏只是每天在市場或體育館與許多人「聊天」而已。但是，聽過他聊天的人自然會開始省思人生的價值何在。然後，這些年輕人（包括柏拉圖）對於現實世界的虛偽與不義也自然會心生反感，想要予以革新。社會上的既得利益階級察覺此一威脅，就聯手誣告蘇格拉底。

至於控告蘇氏不信城邦之神，這在當時已經不算新聞，因為雅典的神明主要是「奧林帕斯山」神話中的諸神，像是一般的民俗信仰。信或不信，其實差別不大。比較特別的是，說他自立「新神」。其實他說的是：從他年幼起，每當他正要去做一件惡事時，內心的「精靈」就會告誡他「不可」。這內心的精靈無異於人的良知，又怎能說是自立新神呢？

在被人誣告而接受審判時，蘇氏終於登上了大講堂，面對五百名法官與眾多親友，他侃侃而談，暢論他的人生觀、價值觀與死亡觀，他說：「沒有經過反省檢查的人生，是不值得活的。」弟子柏拉圖記下這段冗長的發言，寫成《自訴篇》，使蘇氏的思想流傳千古。

## 死亡的省思

蘇格拉底在受審時，知道法官團判了自己死刑，就發表一段有關死亡的省思。他認為，人不必害怕死亡。死亡很有可能是件好事。因為它必定屬於以下二種情況之一。一、它是一種結束。人死了一切結束，人也沒有任何知覺了。這樣的死亡有如

「無夢的安眠」。我們平常睡覺時沒作夢，不是覺得很幸福嗎？那麼，死亡不是我們所奢求的嗎？

其次，死亡是一種變動，身體開始腐朽，但是靈魂卻從此世「遷移」到另一個世界。這時靈魂擺脫身體的束縛，可以自由拜訪我們心儀已久的古代聖賢，那不是一大樂事嗎？

後代的人談起死亡，如果不由宗教的立場去說，那麼就不得不承認蘇氏的觀點確實高明。有生就有死，這是萬物最簡單易懂的道理。對於自然會發生的事，何必寄予太多的喜怒哀樂？其次，人的生命是什麼？人除了身體，還有靈魂。所謂靈魂，又稱生命原理，是使人成為人的特殊成分。這個成分使人在有生之年可以思考及選擇，可以行善或為惡，那麼，人死亡之後這樣的靈魂不是得到解脫，可以自由前往與古人相聚嗎？善人相聚，彼此為善，其樂無窮。惡人相聚，相互為惡，其苦亦無窮。行善或為惡是我們現在可以選擇的，豈可不慎？

14

## 學院的創辦者

# 柏拉圖

## Plato

約427-347B.C.

雅典貴族出身，創辦了著名的學院（Academy），是西方最早有完整組織的高等學府，也是中世紀時在西方發展起來的大學的前身。他是蘇格拉底的學生、亞里斯多德的老師，師徒三人被認為是西方哲學的代表人物。他的作品包羅萬象，涵蓋知識的形式、靈魂的不朽、理想的國家、愛情的本質等，大多是以對話錄的形式記錄，早期常以蘇格拉底為主角，呈現出蘇格拉底與各式各樣的思想家的精采對話。理型論是柏拉圖最出名的理論之一，對形上學、知識論有重大的影響。

# 隱形的考驗

柏拉圖在《理想國》說過一個故事。

利迪亞國的一個牧羊人，在郊外牧羊時遇到大地震。地面裂開，他看到底下有一口棺材，巨大而華麗。他受好奇心驅使，走到底下撬開棺材，看到一具身長異於凡人的骷髏。這骷髏想必是古代的一個大人物，手指上有一個戒指發出亮光。

牧羊人取下戒指戴在自己手指上，也算是一大收穫。不久，國王召集牧羊人大會。他坐在一群牧羊人中玩著手上戒指，當他把戒面轉向自己時，忽然發覺別人看不到他了。他揮手沒人理，他走出座位也沒人管。他走回座位，把戒面轉向外，立即又恢復了原狀。

原來這枚戒指可以讓人隱形，而他掌握了這個天大的祕密。然後呢？他還能專心牧羊嗎？他還願意繼續牧羊的苦日子嗎？他利用自己的隱形本事，誘惑了王后，謀殺了國王，然後自己登上王位。從此以後，西方哲學家必須省思一個嚴肅的問題：如果一個人有能力「做壞事而不被察覺」，或者「做壞事而不必負責」，那麼他為什麼不做呢？

道德教育的考驗就在這裡。一個人如果做不到「即使沒有人知道也不犯罪」，那麼他就還有努力上進的空間。

# 困處於洞穴

柏拉圖認為，人類的情況有如處於洞穴中的囚犯。他們雙手雙腳被捆住，只能坐在固定的位子上，看著前方牆壁上的幻影來來去去。我們所見的世間萬物充滿變化，如果去追逐這些東西，不是有如水中撈月嗎？

一個人較有好奇心，掙脫了繩索，回頭一看，原來身後有座矮牆，矮牆上有些道具，再往遠處望，還有一根蠟燭。蠟燭的光照向道具，使道具的影子顯示在眾人面前的大牆壁上。

這個人發現了道具，就不肯停下來，想要繼續找到這些道具的原始模型。他往後走，瞥見了一個洞口，有光照射進來。他努力往上爬，最後爬出了洞口，看到光天化日。他的眼睛不能適應強光，感覺自己快變瞎子了。

過了一陣子，他睜開眼睛，看見洞穴中一切道具的原型都在那兒。這才是永恆而真實的世界。他內心洋溢無比的喜悅。他忍不住想要呼朋引伴，把洞穴中的人都帶上去，一起分享真實的領域。於是他走回洞穴。

由於從光明走入黑暗，他什麼都看不清楚。他告訴大家地面上才是真實的世界。別人嘲笑他，說：「你在這裡都看不清楚，還要騙我們什麼！」於是群起而攻之，非要置之死地才肯罷手。柏拉圖的意思是：這個人即是蘇格拉底。

## 幼兒教育

柏拉圖終身未婚，沒有子嗣，但是他對幼兒教育卻有獨到的見解。他說：

「當一個孩子開始聽得懂別人對他說的話時，護士、母親、看顧的奴隸，以及父親本人，都要爭相努力使這個孩子變得很好。他們所教的一言一行，都是要告訴他分辨對與錯，美與醜，敬與不敬，該做的與不許做的。有的時候，他會樂意聽從他們的勸導。若是不聽從，就像對付樹苗長得扭曲變形，他們會設法以威脅與打罵來矯正他。」

「到了一定年齡，父母送他上學，並且特別叮嚀老師：在教導孩子書寫與音樂時，更應該注意他的行為舉止是否合宜。老師認真管教每一個孩子，在他們學會閱讀並且像以前聽得懂話那樣看得懂書上的文字時，就把大詩人的作品放在他們的課桌上，規定他們去閱讀及學習。在這些作品中，他們發現許多勸言，念到各種故事，以及對古代善人的稱讚與頌詞；然後，他們充滿熱忱，想要效法先賢，希望自己也能變成這樣的人。」

柏拉圖在《普羅塔哥拉篇》對話錄中所作的這番描述，既親切又完整，實在不需要我們再多作引申。幼兒教育的這種原則是否放諸四海而皆準，就請身為父母與老師的人自己去考慮了。

## 陶冶身心

我們標榜五育並重，這是很好的理想。但是在實施時，最好依序進行。譬如小學階段，要特別側重美育與體育。

柏拉圖認為，音樂老師首先要留意學生的合宜行為，使他們不做任何壞事。「除此之外，當他們學會彈豎琴時，就要進行誦習傑出詩人的作品以及抒情詩的曲調。這些節奏與旋律若能保存在孩子的靈魂中，他們就會變得更溫和；若是孩子能夠融會消化節奏與旋律，他們在言談與行為上就會有更優異的表現。理由是：人的整個生命需要好的節奏與和諧。」

沒有音樂，人生將是枯燥、貧乏而難以忍受的。音樂使靈魂保持活潑的生機與流暢的動力。青少年階段多愁善感，音樂以及各種藝術作品將可適度予以調節。

其次，又怎能忽略身體健康呢？柏拉圖說：「接著，要為學生找一位體育老師，訓練他們身強體壯，以便為有用的思想服務，也免得因為體格孱弱而在戰場或其他地方成為懦夫。」

身體健康的人，較易執行思想的命令。譬如，「見義勇為」是傑出的表現，但是身體有病或體力不濟，有心而無力，又能成就什麼善行？柏拉圖對教育的規畫，配合生命成長的過程，再推進到智育與群育。至於德育，則是這一切的核心。

## 靈魂三分

柏拉圖認為：人有靈魂，靈魂才是人的本質所在。不過，靈魂並不是單一的內容，而是包含三個部分。他以「御者與雙馬」為喻說明。

他說：御者有如「理智」，雙馬則是「意氣與激情」。意氣是右手邊的馬，「體型高大，四肢矯健，脖子昂然，站得挺直，渾身雪白，眼珠黑亮；牠熱愛名譽，心存敬意與節制，是真實信念的朋友；牠無所畏懼，不須鞭策，只要主人下令就奉命行事」。

激情是左手邊的馬，「背部彎曲，體型笨重而鬆垮，脖子短胖，鼻梁塌陷，毛呈黑色，眼珠灰暗帶著血絲；牠是放縱與傲慢的朋友，耳朵粗糙近聾，幾乎不聽從鞭子與馬刺的指揮」。

理智與意氣很有默契。「御者注視他所愛的良馬，四目對望時，愛的溫暖隨即傳遍整個靈魂；這匹馬順從御者的任何願望，總是心懷尊敬、自我控制、不讓牠所愛的人失望。」但是激情則不然，「這另一匹馬不再服從御者的鞭子與馬刺，猛烈跳躍，向前亂衝；牠不斷為御者與良馬製造麻煩，使他們無法親近，也無法想起相愛的快樂」。

理智、意氣與激情，分別表現為「愛智者、愛名者、愛利者」。柏拉圖的比喻十分生動，我們不妨由自己內在的狀態去省思。

# 神聖的瘋狂

柏拉圖認為：愛是神聖的瘋狂。所謂「瘋狂」，並不是病態的發瘋，而是受到靈感啟發所進入的忘我狀態。人平日注重現實生活，追求外在成就，很少有機會體察內心真正的自我是怎麼回事。

一旦陷入戀愛之中，眼睛好像具有透視能力，可以看出所愛對象的美好一面，同時也激發自己的機智、勇氣與愛心，開始要活出真正的自己了。這種異乎尋常的狀態不是有些像是瘋狂嗎？

這種瘋狂稱為神聖的，因為它得自愛之神與美之神的啟迪。有如在電光石火的一剎那，忽然看清天地萬物的真相，而不願再渾渾噩噩過日子了。用柏拉圖的術語來說，我在戀愛中看到了對方的「理型」或完美的樣態，這個理型永恆不變。由於具體的個人注定要隨年華老去，所以凡是無法就理型來欣賞對方的人，很容易見異思遷。柏拉圖本人終身不婚，也許正是出於這樣的顧慮。

世間一切虛虛實實，神聖的瘋狂聽起來是個奢望。沒有這種奢望，生活只是單調與無趣。那麼，能否轉移瘋狂的目標，以求欣賞所有真的、善的、美的事物？若不向著這樣的目標提升自己，瘋狂又怎麼可能神聖呢？

## 哲學家君王

柏拉圖提出「理想國」的觀念，這樣的國家是由「哲學家君王」負責治理。他藉蘇格拉底之口說：

「任何城邦都無法免於陷入罪惡的結局，人類亦是如此，除非由哲學家擔任統治的君王，或者讓那些帶著君王或統治者名號的人，真誠而適當地研究哲學，亦即除非政治權力與哲學結合為一。」

哲學家的條件是什麼？柏拉圖指出，哲學家應該具備永恆理型的知識，其中蘊含一套對價值的真正意識，對主導世界的原理有所了解，對真與美的愛，以及高度發展的推理能力。依這樣的標準看來，大概只有蘇格拉底合格，但是誰會把世間的權力與蘇氏的名字連在一起？

西方歷史上的哲學家君王，勉強算來只有羅馬皇帝奧雷流士一人，但是他卻承認自已是個失敗的君王，既無法免於長期的征戰，也未能妥善治理百姓。由此可見，政治是不可能光靠一人唱獨腳戲的。柏拉圖在分配大臣職位時，特別強調教育大臣應該位居第一，因為若無合宜的教育制度，人民的素質又如何提升？

政治領袖位居要津，動見觀瞻，正如孟子所謂的「惟仁者宜在高位」。東西方的聖賢於此所見略同。

## 幸福的人生

現代人追求幸福，但是關於幸福的定義卻有各種說法。古代希臘哲學家對此深入思考，提出一些觀點。以柏拉圖為例，他列出六種幸福，形成一個由高而低的階梯。

一、完全彰顯秩序與度量，身心靈得到完美的協調與和諧。二、充滿美感與均衡，言行優雅從容。三、領悟真理、分享智慧，能依理型來判斷真偽。四、擁有專業的知識、技藝與正確信念，可以立足於社會。以上四種幸福，前三種應該列為一生嚮往的目標，第四種才是我們一般人可以具體實現的。

另外，還有：五、純粹而不混雜痛苦的快樂，包括交友聊天，以及今日多采多姿的休閒活動。重點在於「不混雜痛苦」。如果交友而涉及相互比較，甚至心生猜忌，那就不符合這個原則了。六、適度滿足自然的需求，特別是指生理方面的需求，如食衣住行等。飲食是為了生存，若是過當或不足，都會帶來後遺症。

依上述所說的六種幸福看來，許多人可能一直都在五、六兩種之間來來去去，消耗了寶貴的生命。柏拉圖立說的目的，是要勸導人們向上提升。他的任務十分艱鉅，看來像是空中樓閣或空谷足音，只有善觀的眼與善聽的耳可以領悟。

15

## 犬儒學派的奠基人

# 安提斯泰尼

## Antisthenes

約445-365B.C.

青年時期曾是高爾吉亞的學生，後來成為蘇格拉底的弟子之一。他是古希臘犬儒學派的奠基人，其學說主要集中在倫理學方面，發揮了蘇格拉底重視德行的思想，認為美德只有經過身體的刻苦磨練才能得到，這一倫理學原則後來由這個學派的人身體力行。

# 犬儒學派

蘇格拉底認為：高尚的人應該度儉樸的生活，不受世俗的名利所誘惑，然後可以專心追求智慧的啟迪。他有一派學生致力於實踐這種理想的前半段，就是以獨立自足的態度處世，由此形成了犬儒學派。

所謂「犬儒」就是要以狗為師，不在乎人間的各種成就。安提斯泰尼說，德行本身就足以帶來幸福，此外一切都不重要。另一位犬儒狄奧真尼士更為特立獨行，他住在一個桶中，當亞歷山大大帝前來向他請教時，他只說了一句話：「請不要遮住我的陽光。」

他用一隻碗舀水來喝，後來看到狗直接喝水，他就扔掉了碗，也直接就水而飲。他倡導動物及野蠻人的生活方式，以對抗希臘的虛偽文明。他自稱為「世界公民」，為了表示自己鄙夷習俗，故意做出一些驚世駭俗的事。今天我們使用「犬儒」一詞，是指一個人自鳴清高，喜歡對世間的成就冷嘲熱諷。

如果回溯到蘇格拉底，情況就比較溫和了。他也有批判俗世的一面，但目的是提醒人追求智慧，不要受困於狹隘的知識中。孔子說「文質彬彬，然後君子」，文化素養與質樸本性搭配得宜，才是人生的光明坦途。

16

## 逍遙學派的智者

# 亞里斯多德

## Aristotle

約384-322B.C.

父親是馬其頓國王的御醫，從小在貴族家庭環境中長大，十八歲時被送到柏拉圖學院學習，柏拉圖去世後，他離開雅典，後來被馬其頓國王召喚回故鄉，成為馬其頓太子（後來的亞歷山大大帝）的老師，五十歲又回到雅典，在阿波羅神殿附近建立了萊錫姆（Lyceum）學院，由於他和學生在討論問題時多在樹林中邊走邊討論，故其學派又被稱為逍遙學派。他的著作涵蓋了物理、政治、形上學、動物學、植物學、倫理學等領域。

# 以哲學之名

自從柏拉圖創辦「學院」之後，哲學在希臘人心中已經成為一門重要的學科。亞里斯多德遠從馬其頓來到雅典，在柏氏學院中求學，從十七歲待到三十七歲。整整二十年的學習生涯，造就了另一位大哲學家。

亞氏在柏氏死後，另外創辦一所小學院，自行開班授徒。他的一位學生出任將軍，與波斯人進行戰爭，不慎中計被俘。這名學生臨死前，託人轉告亞氏，說：「我不曾做過任何使哲學之名蒙羞的事。」由此可見，哲學這門「愛智」之學，也須配合高尚的行為，要求知行合一的表現。

亞氏回到馬其頓，受君王之託，負責教育當時十三歲的王子，這位王子就是後來大名鼎鼎的亞歷山大大帝。大帝在軍事上建樹了豐功偉業，勢力橫跨歐亞非三洲。他為了感謝師恩，為亞氏重建故鄉，並且以實際行動支持亞氏的研究，特別派遣一支部隊將各地珍禽異獸與稀有植物送往亞氏的實驗室，讓亞氏由此創建了動物學、植物學等學科。

可惜大帝英年早逝，希臘各地掀起反馬其頓的風潮，亞里斯多德也受到牽連。亞氏匆忙離開雅典，他說：「我不能讓雅典人第二次謀殺哲學。」他這時所暗示的第一次當然是指蘇格拉底事件。在危機中如何抉擇？哲學家各有考量。

## 思考的運作

亞里斯多德說過：「吾愛吾師，吾尤愛真理。」意思是：老師（柏拉圖）與我，都以探尋真理為人生目標。由於柏拉圖過度重視永恆不變的理型，亞里斯多德把目光轉向具體的生活世界，努力從變化的萬物中抽象出不變的知識。他為此發明了邏輯這門學問。

邏輯是指思考的規則，思考的內容是經驗。那麼，如何思考才可形成有效的判斷。亞氏提出了範疇論。譬如，我現在作一個描述：「昨天在捷運車上，三位年輕的學生背著書包坐著；後來起身讓座，獲得老師稱讚。」這句話一共使用了十個範疇，所以顯得完整。

我把範疇加進來，變成：「昨天（時間）在捷運車上（場所），三位（分量或數量）年輕的（性質）學生（自立體或主詞）背著書包（狀態）坐著（位置）；後來起身讓座

（動作），獲得（被動）老師（關係：在此是師生關係）稱讚。」這整句話在括弧中所寫的就是我們思考時所使用的範疇。

沒有這些範疇，我們無法合理思考。我們平常說話未必用到十個範疇，但是學習的目的不正是在需要時可以作精密、準確而完美的應用嗎？思考若是缺乏效率，以致前後推論有了瑕疵，又如何促進各門知識的進步呢？

## 簡單的邏輯

「子於是日哭，則不歌。」這是《論語》中的一句話，意思是：老師在這一天哭過，他就不再唱歌了。我們由這句話可以推論出：老師如果某一天沒有哭，他就「可能」會唱歌，而不是「一定」會唱歌。

這就是邏輯。要由已知的一句話，推論出合理的判斷。譬如，由「天下雨，草地溼」，不能推出「天不下雨，草地不溼」（因為我可以澆水讓草地溼）；但可以推出「草地不溼，所以天沒下雨」。由此可見，邏輯很有趣，它雖然是思考方法，但所涉及的全是生活經驗中的合理狀況。

邏輯使人思考精密。譬如，我說，「這是個圓形，也是個三角形」，那麼除非我自相矛盾，不然就是圓形與三角形分別屬於兩個平面。但是，用邏輯來檢測人的心理狀態是否正常，就會碰上困難，因為人有可能是多重人格或精神分裂；並且，即使是正常人也有可能故意說謊。

因此，邏輯所要求的真理，局限於人所表述的言語上。它可以檢測一句話與其他的話之間是否矛盾，是否在一致性方面有些瑕疵。它可以用來判斷一本書的內容是否合理，但是不足以形成有關善惡是非的評論。邏輯是思考方法，是人類必備的工具，也是建構知識的必要基礎。

## 四種原因

亞里斯多德面對具體的生活世界，設法解釋「變化」是怎麼回事。首先要說明的是：一樣東西的存在，究竟有些什麼原因？

他歸納前輩學者的探討，提出「四因說」。關於一物的存在，必須考慮四點：一、此物的實體或本質，這是形式因，譬如你看到的是一張「桌子」。二、此物的質料或材料，這是質料因，譬如這張桌子是「木頭」做成的。三、此物形成之動力來源，這是動力因，譬如是「木匠」製造了桌子。四、此物存在的目的或它的善（善也代表用處），這是目的因，譬如這是一張「電腦桌」。

這裡所舉的例子是人工產品，所以四種原因非常明顯。那麼，一棵松樹呢？松樹所顯示的只有形式因（它是「松」樹）與質料因（它是松「樹」）。但是，松樹只要具備自然條件，就會不斷成長（它有隱含的動力因），並且會長成松樹應該有的樣子（這是隱含的目的因）。這兩種原因都包括在「形式因」中，所以四因可以簡化為兩因：形式因與質料因。

萬物存在，皆有各自的質料與形式。所謂變化，是讓形式充分實現而讓質料漸趨腐朽。

## 潛能與實現

松樹的種子具有潛能，只要處在自然的環境中，就會發芽成長，把潛能完全實現，最後變成一棵大松樹。所謂變化，就是一物從潛能到實現的過程。萬物無不處在變化之中。

一個小孩慢慢長大，也是從潛能走向實現。不過，他所實現的不是只有身體，還有心智，所以需要接受教育。人的特色在於：他有身心方面的潛能，身體的成長很快就抵達了極限（如三十歲左右），但是心智的發展卻有極大的空間，可以不斷提升上去。

明白這個道理，可以思索一個簡單而有趣的問題：先有雞還是先有蛋？依亞里斯多德的理論，答案很清楚：是先有雞，不然你怎麼知道這一顆蛋是「雞」蛋？雞是「實現」，蛋是「潛能」。只有依據一物之實現，才可判斷它的潛能將來會變成什麼樣子。所以，實現占有優先位置。

換個方式來看，當老師對學生說「你很有潛能」時，代表這個學生還差得很遠。反之，當他對學生說「你沒有什麼潛能」時，代表這個學生接近完美了。不過，在具體情況下，老師的意思正好是相反的。因此，判斷之前要先澄清概念，以免引起誤會與困擾。

# 一個實體

在介紹亞里斯多德的「範疇」理論時，我們提及「自立體」。譬如，一個學生是自立體，但他的皮膚顏色不是。顏色必須依附在人的身上。身體可以獨立行動，所以稱為自立體。自立體的另一個名稱是「實體」。

不過，我們所見的萬物是真的實體嗎？請問：真的有任何東西是可以「完全獨立」而不必依靠其他東西的嗎？沒有陽光、空氣、水，生物如何活下去？就算是自然界，像山河大地，也可能在地殼變動之後消失無蹤。因此，真正深入探討，就會發現：宇宙裡面（其實宇宙外面也一樣）只有一個真正的實體，它是完全獨立、自給自足而永恆存在的。亞里斯多德稱之為「神」。

亞里斯多德的年代是公元前三八四至三二二年，所以他所說的「神」，與後來中世紀天主教所謂的「神」，並不是同一個神。哲學家心目中的神，是作為宇宙萬物中的唯一實體而存在的。於是，研究哲學時，要探討實體就必須探討神。這樣的神不會傾聽人間的禱告，也不必接受人間的祭獻。看起來，「神」與老子所說的「道」反而比較近似。

如果沒有這樣的神，萬物找不到來源與歸宿，然後一切只是變遷流轉的夢境而已。

哲學是愛智之學，不會陷於虛幻的夢境。

## 理性與德行

從蘇格拉底開始，希臘人就有「知識與德行合一」的想法。這個想法到亞里斯多德總算發展完成了。亞氏的倫理學稱為幸福論。人人都追求幸福，而真正的幸福不能脫離「人是理性的動物」這句名言。

意思是：人有理性，因此應該在理性的指導下，選擇合乎德行的活動。離開這個原則，所有的幸福都是虛幻的。所謂德行，是一個人後天培養成的「氣質」，讓人可以「根據規則來選擇適當的行為」。

氣質由「習慣」所塑造成，就是言行求其「適中」，既不要「過」也不要「不及」。譬如，勇敢是什麼？既不是輕率衝動（過）也不是懦弱退縮（不及），而是兼取雙方優點：當行則行，當止則止。制衡的力量在於自己，任何極端都會帶來後遺症。換言之，所謂適中，既不是走中間路線，像個鄉愿，也不是被動無為，而是居中與卓越。因此，勇敢之上還有更勇敢，這是永無止境的修練過程。

亞氏倫理學強調理性與修養。沒有人生下來就是完美的，但也沒有人不能走向完美。只須善用理性的判斷，加上培養良好的習慣與氣質，人的德行就越來越高尚，而幸福也將如影隨形自然來到。

## 觀想的幸福

「觀想」的對立面是「實踐」。實踐總是處在活動之中，譬如學生走向校園接受教育。觀想則是坐下來靜思自己的心得。實踐的目標在外不在內，正如我們在活動時總是針對自己所未具備的條件而努力。觀想與此不同，它的目標在內不在外，是在自己心中所進行及完成的。

亞里斯多德認為：人的幸福應該由「人與動物不同之處」著手去探討。既然人的主要特色是理性，那麼誰越能活在理性氛圍中，誰就越幸福。理性的最高作用正是觀想。

觀想是對所有既存的、已知的事物加以思考，因此它可以持久進行，不受時空限制，也沒有任何學習的目的。觀想在原則上是自給自足的，不必依賴太多的生活條件。事實上，一個忙於享受生活、送往迎來的人是沒有什麼時間觀想的。

觀想的過程即是目的，本身即是結果。人在觀想時才有真正的悠閒，當下即是一切，如此正是幸福。亞氏說：「思想家能在孤獨中進行自己的研究，並且他越是思想家，他就越能夠如此。」西方學術界有「為求知而求知」的風氣，造就了許多專精的學者。他們對文化發展頗有貢獻，至於他們是否幸福，我們實在無從得知。

## 憐憫與恐懼

亞里斯多德在《詩學》中談到悲劇，這是我們了解希臘悲劇的主要依據。當然，悲劇不是我們現在常說的意思，它在希臘原是宗教慶典的一種儀式，為慶祝酒神造就葡萄豐收季節所舉辦的。它輾轉演變為希臘的重要藝術項目。

依亞氏所說：「悲劇是模仿一個嚴肅而本身完整的行動，行動的範圍應相當廣泛，劇中使用的言語應依不同情節而加上愉悅的伴奏；其形式應是富於戲劇性而不是敘述性的；最後，以其劇情引起憐憫與恐懼之感，藉以達成此等情緒之淨化。」

因此，悲劇有六項要素：故事情節、人物、措詞、思想、場景、音樂。故事情節（亦即行動）最重要，其中應有「遽變」與「發現」，如真相大白或恍然大悟。最後，其目的在於引發及淨化我們在日常生活中所壓抑或遺忘的兩大情緒：憐憫與恐懼。

看到別人的不幸遭遇，我們心生憐憫；然後想到那種遭遇也可能發生在自己身上，我們進一步心生恐懼。這兩種情緒使人產生「命運共同體」的感受，化解了我們與別人在日常生活中的恩怨情仇。我們今日觀賞電影時，不是偶爾也有類似的體驗嗎？

17

## 斯多亞學派的鼻祖

# 芝諾

## Zeno of Citium

約334-262B.C.

出生於塞普勒斯的季蒂昂，後來到雅典研究哲學，受到赫拉克利特、蘇格拉底、犬儒學派等的影響，創立了斯多亞學派(Stoicism)。斯多亞學派有一格言:「依自然而活」,「自然」即宇宙運行的律則，受理性支配。

# 斯多亞學派

「斯多亞」的原意是「彩畫的柱廊」，這是公元前第三世紀芝諾講學的地方。中文翻譯成「斯多葛」，是照其英文形容詞的發音而定，並不妥當。

芝諾創立的這個學派，前後綿延五百多年，在西方有深刻的影響。他認為「萬物是一個龐大整體的部分；這個整體以自然界為其軀體，並以神為其靈魂」。他所謂的「神」，是指「理性、命運、宙斯」。神遍在萬物之中，使宇宙形成一個命定論系統。

既然一切都是命定的，那麼人還有自由嗎？他認為：人只有一種自由，就是有意識而心甘情願去做「他必須做的事」。換句話說，人可以改變他對事件的判斷及態度，把一切發生的事件都當成「神的旨意」而欣然接受。只有在這種情況下，人才是自由的。

善惡與自由有關。因此，自然界及形體上的「惡」（如天災或生病）是不存在的，也即是沒有善惡可言。至於人類在道德上的「惡」（如殺人放火、詐騙搶劫），則是由於人的意志缺乏正確的秩序，不合乎正確理性的要求。

這個學派強調理性即是神明的啟示，服從理性即是服從神明。此說聽起來十分高貴，因此得到西方許多知識分子的認同。

# 完全有德

斯多亞學派以其倫理學為世人所知。此派學者認為：哲學的主要關懷是行為，而不是空談理論。人生的目的在於求得幸福，而幸福在於德行；德行在於合乎自然的生活。「自然」一詞與「本性」無異。

依自然而活，即是依人的本性而活。人的本性是理性，它同宇宙的自然法則是一致的。因此，德行是一種順從理性的氣質，它本身即是自足可欲，不受任何希望、恐懼，或外在動機所左右。

人的激情與感受（如七情六欲）都是反理性的與非自然的，因此我們不必緩和或調節它們，而是要排除它們。由此可以進入一種「無動於衷」的狀態。不僅如此，所有的德行形成一個相聯互攝的整體；於是，一個人若非完全有德，就是完全無德。換言之，人不可能兼具某些優點與某些缺點。人不是全善就是全惡。這種嚴格無比的理想主義顯示了高貴的情操，但是以此為標準，世間幾人可以合格？

理性是人類的共同本性，因此人應該超越自私念頭，追求對全人類的愛。當一個人以同樣強度，把自愛擴及所有與自己相關的人，進而包括全體人類時，倫理學的理想才算真正達成了。這種觀點對知識分子的吸引力是不難想像的。

## 芝諾軼事

斯多亞學派的創始人芝諾是如何成為哲學家的？此事純屬意外。

他原是一名成功的商人，有一次運送紫色原料時遭遇海難，因而寄宿於雅典一位書商朋友之家。那位朋友正在閱讀一本哲學書，芝諾因而有機會接觸哲學。他後來讚美海難是上天善意的安排。

芝諾生性害羞，盡量避開人群聚會的場合。他在飲食方面十分節儉，最喜歡的是綠無花果、麵包與蜂蜜，再加上一小杯酒。他的大衣非常簡陋，當時流行一句話，「比哲學家芝諾更清心寡欲」，用以形容生活簡樸的人。不過，他的生活方式應該是健康的，他活到九十二歲高齡。

他逐漸享有盛名，連馬其頓國王到雅典時也不會錯過他的演講。雅典人把雅典城之鑰交給他保管，以表示對他的崇敬。此外，雅典人還頒贈一個金質花環給他，為他塑造一尊銅像，甚至在他還活著時為他立了一座墓碑。

芝諾表情嚴肅，對於當時流行的享樂主義不以為然。他認為享樂是「使年輕心靈軟弱無能的誘惑者」。人應該以義務取代享樂，認真看待理性的要求，活得高貴而有價值。

18

# 哲學家大臣

# 塞內卡

## Seneca

約4B.C.-65A.D.

生於羅馬帝國的科爾多瓦，是斯多亞學派的哲學家、政治家、劇作家。曾任尼羅皇帝的導師及顧問，為了避開政治鬥爭而一度引退，但最後仍被尼羅皇帝逼迫自殺。他提倡禁欲主義，要求人們離棄欲望和罪惡，對基督宗教影響甚大，被德國哲學家恩格斯稱為「基督宗教的叔父」

# 哲學家大臣

羅馬時代的斯多亞學派有三位代表，他們分別是大臣、奴隸與君王。塞內卡是羅馬皇帝尼羅的老師及顧問。這位皇帝就是造成羅馬大火並歸咎於初期基督徒的暴君。

塞內卡認為，哲學是人們善度正當生活的規律。研究哲學的目的是為了實踐，不然即是浪費時間。斯多亞學派原本主張唯物論，但是塞內卡傾向於把神看成超越物質的。他談到靈魂時，口吻也近似柏拉圖二元論的觀點，他說：「我們的身體是加於靈魂的負擔與苦刑，靈魂在重壓之下陷於桎梏。」人的德行與價值全在人心，外在資產不會帶來真正幸福，它們只是命運之神的虛幻禮物，愚昧的人才會相信那些東西。

塞內卡長期在朝為官，深知誘惑與墮落的可怕，因此他不主張人的德行「若非全有即是全無」，而是強調進德階段。首先要離棄某些罪惡；其次要養成毅力，屢仆屢起；然後可以不再犯錯。「最悲慘的奴役，是一個人做了自己欲望的奴隸。」由此出發，推己及人，「你若真想為自己而活，就必須為別人而活。」最後呢？

「當你活著的時候，所有的人都愛你；當你死去的時候，所有的人都惋惜。」塞內卡如是說。

19

# 哲學家奴隸

# 埃比克泰特

# Epictetus

約55-135A.D.

生在弗里吉亞的希拉波利斯（今土耳其棉堡），童年時以奴隸身分來到羅馬，據說被主人殘害而患有腿疾。他師從斯多亞學派教師魯弗斯（Rufus），並在羅馬教學，直到羅馬皇帝害怕他的影響力會對王位構成威脅而將他趕出羅馬，於是他移居尼柯波里寫作和講學直至辭世。埃比克泰特沒有留下著作，一個叫阿利安的學生編撰整理了他的《語錄》（*Discourses*）和《手冊》（*Enchiridion*），從而留存了他的思想。他的學說和觀點對後來的哲學和宗教產生廣泛深遠的影響。

# 哲學家奴隸

羅馬時代仍有奴隸制度，這是歷史上的現實處境，那麼奴隸也可以成為哲學家嗎？答案是肯定的，代表人物是埃比克泰特。

埃氏原是尼羅皇帝一名侍衛的奴隸，後來被解放成為自由人。他主張所有的人都有修養德行的能力。只要不是完全邪惡的人，總能看出某些事情的善惡。他說：「想想看，當你毫無私心地讚美時，你讚美誰呢？你讚美義人還是不義的人？謙虛的人還是傲慢的人？溫良的人還是放縱的人？」答案應該很清楚：人同此心，心同此理。

關於進德階段，他提出三點看法。一、人要接受告誡，命令他的欲望遵從正確理性，擺脫病態的情緒，並獲得靈魂的平靜。二、人要接受訓練，克盡職責，逐漸成為真正的子女、弟兄與公民。三、人要學會判斷，以便維持良好的言行。

他批判無神論，肯定一切都由神在安排。神是人類之父，因此人類生來即是兄弟。我們應該博愛眾人，不可以惡報惡。「真正受人輕視的，不是那些不能屈辱別人的人，而是那些不能善待別人的人。」從奴隸到哲學家，埃氏的個人體驗顯然為他提供了不少卓見。

20

## 哲學家皇帝

# 奧雷流士

## Marcus Aurelius

121-180A.D.

羅馬帝國最偉大的皇帝之一，也是著名的斯多亞派哲學家，有「哲學家皇帝」的美譽。他於一六一年至一八〇年在位，統治時期被認為是羅馬的黃金時代，不但是一位賢君，也是一位有成就的思想家，以希臘文寫出斯多亞哲學的名作《沉思錄》傳世。

# 哲學家皇帝

電影《神鬼戰士》（原名《格鬥士》）在一開頭的時候，出現一位白髮的羅馬皇帝，他就是西方哲學史上唯一的「哲學家皇帝」。他在位期間，羅馬仍在四處征戰，而他的兒子也顯然沒有教好。他為此十分懊悔，認為自己是個失敗者。他的名字叫奧雷流士。

他的代表作《沉思錄》在今天仍有廣大的讀者群。他的哲學富於宗教性格。他提醒我們要同情人類的軟弱，他說：「人的特別恩賜就是能愛那些甚至是犯錯的人。這是可以做到的，只要我們了解：人人都是弟兄，犯罪出於無知而非故意妄為。」他強調要主動行善，「人生的目的在於行善，只要一個人有善的行為或者有助於共同福祉，他就滿全了他的存在法則，成為真正的自己」。

他試圖突破斯多亞學派的唯物論格局。人由形體、靈魂與理性所組成；理性來自宇宙理性，是神的分支之一，因而也是人身上的統治者。只要服從理性的指示，就是敬畏神明，也即是合乎德行的要求。

柏拉圖心目中的理想國，是要由哲學家擔任帝王。在現實生活中奧雷流士做到了，但是理想國卻依然是空中樓閣。改善世界，顯然不能只靠一、兩個人的力量。

21

## 伊比鳩魯學派的始祖

# 伊比鳩魯

## Epicurus

341-270B.C.

生於薩摩斯島，父母親都是雅典人，他十八歲時搬到雅典，之後在小亞細亞受到德謨克利特原子論的影響。西元前三〇七年他在雅典建立了伊比鳩魯學派，據說該學派居住在他的住家和庭院內，與外部世界完全隔絕，因此被稱為「花園學派」。他認為最大的善來自快樂，並區分了動態的快樂和靜態的快樂，並認為價值判斷源自感官的快樂與痛苦，主張道德是能產生持久快樂的行動。他在分析宗教和神學上的罪惡問題時，提出有名的伊比鳩魯悖論（Epicurean Paradox）。

# 伊比鳩魯軼事

希臘哲學接近尾聲時，出現一派稱為享樂主義的學者。此派創始人是伊比鳩魯。既然倡言「享樂」，難免受人批判。人們傳說他為了飲食之樂，每天必須嘔吐好幾次；他還縱情聲色，與藝妓往來頻繁。他被人們說得一無是處，甚至罵他是「放蕩者」、「豬玀」等。

事實並非如此。伊比鳩魯的學生讚揚他的節制，說他最多偶爾喝一杯酒，平時喝水就滿足了，窮困時只吃豆子維生。一個學生說：「當我們比較伊比鳩魯與其他人的生活時，甚至可以稱他那種溫和自足的生活為一種神話。」

他對家人與朋友十分照顧，對奴隸也平等看待，允許他們參與哲學討論。他還在遺囑中宣布讓奴隸獲得自由。他說自己從十四歲就開始對哲學感到興趣，並且終身保持這種熱忱，他在訣別書中提到：「為了再次慶祝我那值得讚揚的有生之年，並為它畫下休止符，我寫下這些話語給你們。排尿的困難與痢疾帶來不可名狀的痛苦，儘管如此，當我回憶我們的哲學對話時，心靈的愉悅讓我可以忍受這些痛苦。」他把花園與房舍留贈弟子，讓他們在那兒繼續講學討論。他的學派又稱為「花園學派」。

## 享樂主義

伊比鳩魯說：「享樂是幸福生活的起源與目標。」不過，他所謂的享樂不是指感官上的滿足而已。享樂是指更細緻的心靈喜悅，如：友好的談話、聆聽音樂、欣賞藝術品，尤其是從事哲學思維。

哲學是生活的實踐，「如果哲學家的話語無法平息激情，無法把激情逐出心靈，那麼這些話語便是空洞的。」只有心靈歸於平靜和諧，才是真正的享樂。

他說：「我們必須讓自己從交易買賣與政治活動的牢籠中解放出來。」因此，要避開公共生活，回歸私人生活。學派的座右銘是「隱居」，但並非與世隔絕，而是以「友誼」取代忙碌的社交生活。「獲得友誼的能力，是促使智慧邁向幸福的所有方式中，最重要的一項。」「友誼環繞著世界起舞，並向我們宣示：我們應該甦醒去面對幸福。」

號稱享樂主義，所強調的卻是「知足常樂」。他說：「誰不知足，誰就不會幸福，即使他是世界的主宰也不例外。」這句話讓人想起老子所說的「禍莫大於不知足，咎莫大於欲得」。哲學家立場不同，但是談到人生問題，所得的結論卻往往相似，總是要人以理性的態度收斂自省，而不可陷入情欲的困境中。享樂主義的真諦即在於此。

# 不需要恐懼

伊比鳩魯認為，一般人很容易陷於三種恐懼之中。一是宇宙是否充滿危險？二是神明是否宰制人類？三是死亡是否結束人生？

關於宇宙，伊比鳩魯接受德謨克利特的原子論。宇宙萬物都是原子的機械式活動，原子不能來自虛無，也不會化為虛無。變化只是原子的分裂與重組，既然如此，人在宇宙中一點也不危險，又何必害怕？

其次，神明會宰制人類，賞善罰惡，甚至任意無常加以擺布嗎？伊氏認為，神明有自己的生活領域，不會干擾人間瑣事。人類真正的虔誠，「並非時常以布遮面，轉向石像或接近祭壇，亦非拜倒在地，在神廟前伸開雙手，更非以牲畜之血灑向祭壇，遍發誓言；而是能夠在平靜之中，以心靈探索萬事萬物」。

然後，死亡又是怎麼回事？人死之時，靈魂離開身體，知覺隨之消失。他說：「我們不必害怕死亡，因為如果我們存在，死亡就不存在；如果死亡存在，我們就不存在。」他又說：「知道死亡是一種虛無，使我們短暫的生命變得非常可貴。」能夠破除上述三種恐懼，人生應該比較快樂。這種享樂主義是需要智慧的。

22

## 懷疑主義的創始人

# 皮羅

## Pyrrhon

約365-270B.C.

出生於希臘愛奧尼亞的伊利斯，早年曾去埃及和波斯旅行，並跟隨亞歷山大東征隊伍遠征印度，受到當時的東方哲學與宗教的影響。皮羅主張不做任何決定，懸擱對事物的判斷，方能過著「不動心」的生活，以一種消極的隨遇而安的態度保持靈魂的安寧。

# 懷疑的心態

人有理性可以思考，思考運作的方式是：這事是真的嗎？所謂「這事」，是指我「看到、聽到、接觸到」的對象。既然使用的是感官，自然有其不確定性。譬如，一根筷子放在水盆中是彎曲的，遠方的鐵軌好像形成交叉，一個人面貌凶惡看來像是壞人。以上這些使用眼睛，因此都不太可靠。感官如此，思考呢？

希臘時代後期出現了懷疑主義思潮，代表人物是皮羅。他懷疑一切，連對面一輛馬車衝過來，他也要問：這事是真的嗎？幸好他的弟子們眼明手快，趕緊把他拖走，以免悲劇發生。這些弟子們似乎沒有得到皮羅的真傳，居然相信所見者為真。但是，如果大家一起處於懷疑的心態，恐怕這個學派早就煙消雲散了。皮羅活到九十高齡。

皮羅認為，感覺與理性都不可靠，他說：「沒有任何東西是美的或醜的，是正當的或不正當的。」他還說：「沒有任何東西是真實存在的，指導人們行為的只是風俗與習慣；沒有任何東西本身是這樣的而不是那樣的。」

懷疑心態是探求真理的第一步，但是懷疑主義則下了結論，認為一切都不可靠。如此一來，連說「我主張要懷疑一切」這句話，也成了自相矛盾，因為這句話也不可靠。

# 懷疑主義

皮羅提出懷疑主義之後，弟子們整理他的觀點，列出十項主張。一、不同種類的生命體，對同一物會產生不同而相對的觀念。譬如，蛇與狗看到人的反應截然不同。二、人與人之間的歧異，使每一個人所見之物不同。詩人與科學家看到月亮會有一樣的想法嗎？三、人的感官的構造與作用，彼此不一致。譬如，榴槤聞起來有些恐怖，但吃起來讓人回味。四、人的感受隨著不同的狀況而變化。五、同一物隨著觀點或角度不同，而呈現為不同的現象。六、知覺經由媒介（如空氣）才接觸對象，因此不可靠。七、事物因其質量的變化而產生不同效果。譬如一粒沙放大來看十分粗糙，但溜過指縫卻顯得圓滑。八、一般而言，萬物皆為相對而充滿變化的。九、外物出現的頻率會給人不同的印象。譬如，難得一見的彗星，比太陽更讓人印象深刻。十、不同的生活方式、道德規範、法律、神話、哲學體系，也會帶來相異的看法。

看了這些主張，我們還能相信什麼是真的嗎？

哲學豆知識

## 面對風暴

希臘城邦遍布於愛琴海的小島上，人們經常乘船旅行，偶爾遇到風暴該怎麼辦？

一般人難免大呼小叫，祈求神明保佑。古希臘一位賢者比亞斯也在船上，他環顧左右，然後向那些狂喊神名的人說：「別出聲，但願諸神不要察覺你們與我同在這條船上！」他的意思是：你們平常不做好事，現在如果讓諸神發現你們陷於風暴，恐怕正好加強了祂們讓你們滅亡的決心。

近代也有類似的故事。葡萄牙國王派駐印度的一位總督，在一次極其危險的海上風暴中，把一個小男孩扛在肩上，他的用意是：神啊！這裡還有一個無辜的人，請你看在他的份上，饒了我們這些成年人吧！

懷疑主義者皮羅在一次渡海時，遇到了大風暴。四周的人驚慌失措，他指著一隻無憂無慮的小豬說：學學這隻小豬吧！牠都那麼冷靜，何況我們這些有理性的人呢？

如果知道實情會使人心緒不寧、坐立不安，那麼這種理性有何用處？因此，與其一知半解，不如完全無知，像隻小豬一樣。換個角度來說，若要知道，就須徹底理解情況，亦即了解萬物皆有定數，不必妄圖僥倖，也不需無謂悲哀。

23

## 新柏拉圖主義之父

# 普羅提諾

## Plotinus

約204-270A.D.

生於埃及，曾在亞歷山卓求學，老師是柏拉圖學派的薩卡斯(Ammonius Saccas)。他是新柏拉圖學派最著名的哲學家，更被認為是新柏拉圖主義之父。他的一生遭逢羅馬史上最多災多難的時期，但這一切在著作中卻沒有提到，反而擺脫了現世的悲慘，轉身觀照一個善與美的太一世界。他凸顯了柏拉圖哲學中的宗教傾向，影響後來基督宗教的神祕主義思想，認為人神能合一，達到永恆的極樂。

# 上界與下界

柏拉圖哲學有一個難題，就是上界與下界如何溝通。所謂下界，是指我們日常生活所經驗的，充滿變化的一切。變化之物不可靠，那麼我們如何構成可靠的知識呢？柏拉圖認為要使用理性而排除感官的干擾。

理性的對象是理型，理型所構成的世界稱為上界。譬如，張三做了一件勇敢的事，我怎麼知道那是勇敢呢？因為我的理性知道勇敢之所以為勇敢的理型。接著要問的是：勇敢理型與具體的勇敢行為如何可以聯繫？這就是所謂的二界溝通問題。

新柏拉圖主義面對這個挑戰，如何回應呢？普羅提諾提出「流衍論」。簡單說來，由於上界的存在太豐盛了，於是滿而溢，往下流衍再形成下界。譬如，最初只有「太一」（絕對的一）存在，像太陽一樣發出無限光芒，由它流衍出「知性」，再依序衍生出「世界魂」、「個人靈魂」、「物質世界」。正如陽光照射，越往下光線越弱，存在程度越低，所以充滿各種變化。

普羅提諾的年代已到了公元後第三世紀，哲學界的思考焦點轉向如何協調新興的天主教與希臘哲學。普氏的新柏拉圖主義代表希臘哲學的最後高峰。

# 人生的進程

依普羅提諾所說，萬物的存在是由最初的「太一」流衍而成的。以人來說，由靈魂與身體所組成。靈魂往上可以聯繫「世界魂」，身體往下無法脫離「物質世界」。人的生命既然是這種二元架構，人生的進程就很清楚了：要努力擺脫身體的墮落趨勢，認真培育靈魂的上升動力。

普氏生於埃及，曾到亞歷山卓遊學，四十歲時在羅馬建立學派，推廣新柏拉圖主義。他倡導三種修練：一、欣賞音樂，保持靈魂和諧；二、演算數學，提升抽象能力；三、沉思冥想，專心觀照太一。經過長期努力，靈魂得以淨化而向上提升，進而與知性結合。此時，靈魂仍有自我意識。抵達最後階段，靈魂進入忘我境界，與太一密契合一。

他說：「那時，人就像在天堂上所見的一樣，同時看到神與自己：自己成了放射狀，充滿知性界的光，甚至與純淨的光合而為一，既無負擔也無重量。啊！簡直就化為神明，在本質上變成神了。」他的話語極為深刻，啟發我們的思想。「眼睛如果沒有變得像太陽，它就看不見太陽；心也是如此，本身如果不美，就看不見美。」人生如果缺乏修練，一切只是變化生滅的幻影，誰又能肯定自己活得更好？

哲學豆知識

# 生命階段

蘇格拉底說：年輕人學習知識；成年人有所作爲；老年人退出社會活動，依自我的意願過日子。他把生命分爲三個階段，並分別有所期許。相對於此，孔子說：君子有三戒，年輕時不要好色，壯年時不要好鬥，老年時不要貪得無厭。中西哲人之說相互輝映，都指出了人生的修練之道。

我們不妨結合上述兩種說法，提出簡單而明確的建議。年輕時，除了約束感官欲望之外，還須進而努力求知；壯年時，除了不要爭強好勝之外，還須對社會有所貢獻；老年時，除了消除貪婪之心，還須學會放下，過幾年輕鬆自在的日子。

羅馬詩人賀瑞斯特別針對老年人，提出一番規勸。他說：「你若是一個明智的人，請及時取下你那匹老馬的籠頭，不要跑到後來，馬失前蹄，跌倒在地，成爲眾人的笑柄。」

人在年輕或壯年時，如果犯錯，還有改正或補救的機會。到了老年階段再犯錯，誰能幫得上忙？問題在於：老年人缺乏安全感，總想抓住具體的財富。經過一生的歷練，最後覺悟的是：只有財富可靠。這樣的人生如果不是過於悲慘，就是自己全無慧根，無法明白人生眞正重要的是什麼。

24

## 共和體制的擁護者

# 西塞羅

## Marcus Tullius Cicero

約106-43B.C

生於騎士階級的貴族家庭，是羅馬共和國晚期的哲學家、政治家、作家、雄辯家。他曾經擔任羅馬共和國的執政官，是共和體制的忠誠捍衛者，後來被政敵馬克·安東尼（Marcus Antonius）派人殺害。他是羅馬當時出名的文學人物，也為羅馬人引介了很多希臘哲學的作品，使得希臘哲學的研究得以延續，更長遠影響了歐洲的政治和哲學思想。

# 配合身分

義大利有一句諺語：「但願船夫只談風向，農夫只談耕牛，武士只談傷口，牧人只談羊群。」每個人負責自己專業的工作，整個社會才可大步前進。這個道理對國君尤其重要。

如果稱讚一位國君，說他是好畫家、好建築師、好律師，其實反而有些嘲弄的味道。亞歷山大大帝年輕時，一群樂師請他一展歌喉，他唱得讓人動容。父親馬其頓國王腓力對他說：「你唱得那麼好，不覺得羞恥嗎？」君王的任務是治理百姓，不必花時間在表演上。

西塞羅曾經擔任羅馬帝國的執政官，但是他留給後世的是文學作品，他的雄辯術更是卓越過人。有一次他要在公眾前演講，但時間有些緊湊，難以從容準備。一名僕人跑來向他報告，說演講推遲到第二天了。他心情忽然高興起來，就賜給這名奴隸人身自由。

塞內卡說得好：「說話和諧悅耳，並非男子漢的榮耀。」孔子有個學生仲弓，別人批評他「仁而不佞」，意思是：德行雖好，但口才不佳。孔子說：德行是要一輩子努力的，但口才太好反而容易招來別人的厭惡。對一般人來說，在專業能力之外，只有培養德行是光明大道。這種觀念中西皆然，在德行方面每個人都有無可逃避的責任。

## 苦樂之間

苦樂有如兄弟，經常攜手而來。人們都希望離苦得樂，但是關鍵在於個人的看法。西塞羅認為：「痛苦不取決於人的本性，而在於人的看法。」譬如，受到父母責怪，一定使人苦惱嗎？如果知道父母是「愛之深，責之切」，就不但不覺難過，反而深感幸福。

西塞羅又說：「我們對痛苦與快樂的態度，常被某些偏見所控制。心靈軟弱無力時，連被蜜蜂螫了一下都會大嚷大叫。因此，我們需要的，除了正確觀念之外，還有自制力。」我國古人早就有「樂不可極，樂極則生悲」的說法，提醒我們節制情緒。也許快樂較易節制，但是痛苦呢？

痛苦到極點，大概就是死亡了。但是西塞羅認為：「死亡是最大痛苦的結束。人生中充滿各種不大不小的痛苦。我們要練習做到：能忍受時就忍受，不能忍受時就躲開。

如果躲不開，那麼不如結束讓我們討厭的人生，就像退出舞臺一般。」他所說的「退出舞臺」，可以理解為不再競逐權力與財富；但是「結束人生」如果是指自殺而言，則未必可取。

苦樂若是取決於人的看法，我們應該可以做到化苦為樂。這種看法需要與自制力配合，才可逐漸生效，不然只是一句空話。

## 命運難解

希臘人有各種占卜方法，目的是希望提早知道自己的命運。但是，知道了可以改變嗎？若可改變，則所測知的命運顯然不準；若不可改變，則預先知道又有何用？

有「希臘悲劇之父」雅號的愛斯奇勒士，測知自己某年某月某日將被「壓死」。他到了那一天，刻意走出屋外，待在曠野，以免地震時被屋頂壓死。結果呢？一隻老鷹抓住一隻烏龜在天空飛，飛到曠野上空時負荷不了，鬆開了爪子。這隻烏龜往下掉，正好砸在愛斯奇勒士頭上，把他「壓死」了。

西塞羅說：「知道未來，其實毫無用處；因此，徒勞地擔憂將來，是可悲的。」賀瑞斯說得比較中肯，他說：「神用預言洩露未來，以此嘲笑人類慌亂失態。過完一天，敢說自己『活了一天』的人，才算掌握了自己的命運。不管上帝讓明天烏雲密布還是陽光燦爛，那又有什麼關係？」他的建議是：人要活在每一天的當下，無法活在此刻，又如何可能奢望未來？

西塞羅也有積極的說法，他指出：「命運的寶座要賜給誰？是你還是我？讓我們用勇氣來證實吧！」因此，決定未來的是自己的勇氣。勇氣給人帶來希望。有了面對命運的勇氣，也將更有誠意珍惜現在。

25

伊比鳩魯思想的闡述者

# 魯克雷休斯

## Titus Lucretius Carus

約99-55B.C.

羅馬共和國晚期的詩人和哲學家，以《論萬物的本質》（*De Rerum Natura*）著稱於世，此書以長詩的形式呈現伊比鳩魯的思想，對奧古斯都時期的詩人維吉爾（Virgil）與賀拉斯（Horace）有深遠的影響。

# 欲望的困擾

只要活著，就會有欲望。但是欲望常給人帶來困擾，這時又該怎麼辦？

享樂主義的後期代表是魯克雷休斯，他清楚指出：「想要的東西得不到，它就比什麼都好；想要的東西到了手，那就想要另一樣東西。人的欲望永遠如此。」以我的買書經驗為例，買到手的書放在家裡書架上，難得翻一次；聽別人介紹某些絕版書，又羨慕不已，總希望買到一本。

人們不知道自己要的是什麼，因此終身都在尋覓，有如在追求一塊土地，以為找到之後就可以放下自己的包袱。魯克雷休斯說：「人們弄不清楚欲望應有的界線，也不知道真正的快樂止於何處。」事實上，人們所需要的一切，並不難找到；但是欲望使人產生無限的「想要」，而想要總是超過了「需要」。如此一來，人的困擾又要如何消解？

毛病出在自己身上。魯克雷休斯把人心比喻為器皿，他說：「從外面倒進來的就算是瓊漿玉液，但是器皿髒了，再好的東西也會在裡面壞掉。」

因此，方法只有一個，就是改變自己的觀念。譬如，「致富的最佳途徑，即是降低自己的欲望。」孟子說：「養心莫善於寡欲。」可謂一語道破個中奧祕。

# 中世紀哲學
# Medieval Philosophy

哲學豆知識

# 基督宗教

一般人聽到「天主教」與「基督教」時，都知道兩者關係密切但不清楚差異何在。其實，這是中文翻譯所造成的一個難題。

歷史上，信仰耶穌的人都尊奉他爲「基督」（救世主），所以信徒都稱爲「基督徒」。最早的團體是天主教，由耶穌的弟子彼得開始領導，直至今日的羅馬教宗。到了一〇五四年，位於東方的基督徒不再聽從羅馬的領導，另立「東正教」，目前在希臘、東歐、俄羅斯仍有許多信徒。然後到了一五一七年，馬丁路德倡言宗教改革，成立了抗議派，與天主教分道揚鑣。中文翻譯上，把馬丁路德以後所出現的「新教」稱爲「基督教」。

如果扣緊中文翻譯來說，我們就不能使用「中世紀的基督教」一詞，因爲在長達一千多年的中世紀，尚未出現中文譯名所說的「基督教」。因此，爲了避免混淆，不妨使用一個較爲笨拙的譯名「基督宗教」，以它代表「天主教、東正教、基督教」。這三教信奉同樣的耶穌，使用同樣的《聖經》，但各有教義上與儀式上的重點。我們在談到中世紀哲學時，不能不先說明：在協調希臘哲學與基督宗教時，後者所指的是當時的天主教。

哲學豆知識

# 天主教的信仰

研究西方思想，從歷史發展的角度來看，不能忽略希臘哲學與天主教的互動關係，尤其是天主教在羅馬統治時期所扮演的主導角色。那麼，天主教有何信仰？

一、耶穌是取了人形的神，是人也是神。就其神性而言，與神為一；就其人性而言，與人類相同，但沒有人類的原罪。「神變成人，使人可以成為神。」

二、贖罪。亞當（神所造的第一人）得罪了神，由神之子耶穌來償還，使人由罪的枷鎖解放出來。人靠自己是無能爲力的，正如使徒保羅所說：「我不做我該做的，卻去做我恨的事情。」人需要更高的力量，使自己回歸根源。

三、三位一體。神是三位（父、子、靈），但仍是一體（只有一個神）。創造世界的是父，耶穌是子，倡導愛的教義；然後在耶穌復活及升天之後，聖靈降臨人間，使信徒充滿希望與活力。「愛」是一種關係，所以父（愛的源頭）、子（愛的體現）、靈（愛的力量），三者構成完美的愛的關係，此即「三位一體」。

這種教義在羅馬時代的民眾看來，無異於黑暗中的光明，使人活在世間，可以坦然行善，相信死後審判的正義，懷著復活及永生的希望。

哲學豆知識

# 迫害基督徒

「西元」或「公元」的計算方式是以耶穌的年代爲基準。耶穌的門徒創立了天主教，信徒越來越多，代價則是三百年的殉教烈士的鮮血。爲信仰而犧牲生命，自然震撼人心。羅馬公民眼看著一批批基督徒在鬥獸場中慘遭殺害，卻仍高唱凱旋之歌，因爲信徒相信自己即將得救升天。

爲何要迫害這些善良平凡的信徒？只爲了他們堅信耶穌是神的兒子，並且死後又復活了？這其中夾雜著各種現實的利害及恩怨。檢舉基督徒，可以獲得賞金；政治出了問題，可以怪罪基督徒，像尼羅皇帝火燒羅馬城的陰謀。

即使是斯多亞學派的哲學家皇帝奧雷流士，也無法以其智慧與仁慈來寬待這些基督徒。但是，爲什麼信徒人數不減反增？羅馬公民，甚至不少貴族也都皈依，最後連皇帝也成了信徒。君士坦丁大帝在三一三年頒布帝國敕令，明白指出：「長期以來，我們一直認爲，不應否定崇拜的自由，人人皆應有權踐行自己選擇的宗教。」這位皇帝甚至覺悟了他作爲皇帝的主要責任在於：諄諄勸導臣民追求美德，並且說服他們敬拜上帝。

最後，天主教成了羅馬帝國的國教。不過，羅馬帝國依然分裂爲二，並在一千多年之內相繼淪亡。宗教的歸宗教，政治的歸政治。這是永恆的教訓。

26

## 發展三位一體的神學家

# 德爾圖良

## Tertullianus

約150-230A.D.

生於羅馬帝國迦太基城，是天主教著名的神學家和哲學家。他的著作以思辨基督宗教的神學與反對異端為主，被視為「希臘最後一位護教士」、「第一位拉丁教父」。他首先使用了「三位一體」（Trinity），這個字成為基督宗教的重要語彙，對日後的神學思想有重大的貢獻。

# 兩條路線

在探討有關人生意義的問題時，哲學家扮演重要角色。這是希臘哲學所樹立的典範。但是到了羅馬時代，天主教的勢力越來越大，教內學者也日益增多。他們涉獵希臘哲學，再放眼當時的羅馬哲學，於是提出一個基本觀點：哲學是愛好智慧，現在真正的智慧已經由宗教啟示所揭露，那麼何必再奢談什麼哲學呢？

宗教依據信仰，哲學全憑理性，這兩者之間要如何協調？天主教的學者分為兩派：一派主張妥協，但要有主從之分，就是肯定哲學為預備學科，其目的是引人走上宗教之途；另一派則堅持對立並要求有所取捨。以後者而言，代表人物是德爾圖良，他大聲疾呼：「正義與罪惡怎麼可能是伙伴？光明與黑暗又如何可能同盟？基督與墮落天使又有什麼一致可言？信仰者與不信者又有什麼共通之處？上帝的聖殿與偶像的廟宇又有何種關係？」從此以後，信仰與理性之間始終存在著某種緊張狀態，好像「非此即彼」。

至於前者，則在妥協的前提下，表現較為溫和的性格。不論立場如何，大家不妨先溝通，設法尋求共識。從哲學史的角度來看，這一派顯然有其發展空間。信仰除了偏重個人內心的覺悟，還涉及具體的生活抉擇，不是三言兩語可以論斷其是非的。

哲學豆知識

# 三位一體

當宗教遇上哲學，難免有一番辯論。這兩者方向相同，都是要探討眞理；但是所採的方法不同，哲學所依的是理性，宗教所靠的是信仰。中世紀初期，天主教的教士經常宣稱：只憑哲學，只能論證「上帝存在」，但不可能明白上帝的眞相，亦即「三位一體」。

什麼是三位一體？上帝的本質是愛，而愛是兩個位格（有如二人）之間親密的互動，並且這種互動一定會產生力量。所以，上帝必須有三個位格：一是父，二是子，三是代表力量的靈。這三個位格並不是相互獨立有如三個人，而是「一體」之三面。換言之，父與子與靈，都是同一位神，只是依其作用而顯示三個側面。

譬如，談到創造世界，則稱其爲天父；談到救贖人類，則稱其爲天父之子，也就是耶穌基督；談到留在人間繼續啓發人心的，則是聖靈了。三位共成一體，可以驗證「愛」的本質，也可以說明上帝對人類的長遠規畫。

「三位一體」帶給歐洲許多大學清楚的標記，譬如我們常聽說的「三一學院」指的就是「三位一體」這個字。由此可見，在基督徒的信仰中，這是個核心理念。這個理念所闡述的「愛」的特色，對每一個人都有參考與省思的價値。

27

天主教護教士

# 亞提那哥拉

## Athenagoras of Athens

約130-190A.D.

二世紀後半葉的天主教護教者和哲學家，世人對他了解不多，只知道他是雅典人。他最有名的作品是《為基督徒辯護》，是以哲學為依據，為了基督徒的公道而寫作的一篇書面請願，上書給羅馬皇帝奧雷流士。

## 護教立場

所謂護教，是指羅馬時代初期的基督徒學者，為了維護天主教的立場所提出的觀點。這些學者為了護教而付出很大的代價，並且經常成為殉教的烈士。像「殉教者猶斯定」即為代表，後人直接在他的名字之前加上「殉教者」一詞，正如德爾圖良所說：「殉教者的血是教會的種子。」種子只有死了，才可能開花結果。

如果遇到明理的皇帝，學者會設法上書建言。亞提那哥拉於一七七年以《為基督徒辯護》一書上呈羅馬皇帝，書中駁斥當時的人對基督徒的指控。他指出：一、基督徒不是無神論，他們只是不信羅馬官方所欽定的眾神。二、基督徒不是食人肉，他們在聖餐禮中以餅與酒代表耶穌的體和血，並不是真的食人肉。三、基督徒不是亂倫，他們在結婚時稱呼男女雙方為兄弟姊妹，那是指信仰中的一家人而言。由上述辯護內容，可知當時基督徒所處的社會環境是如何險惡。但是，等到天主教成為羅馬帝國的國教之後，許多教士大權在握，他們對於所謂的異端邪說，也加以批判、詆毀、迫害，好像完全忘了早期信徒的悲慘遭遇。也許那是因為他們認定自己所信的是唯一真神，其他的都是旁門左道。既然如此，哲學就還有存在的必要，愛好智慧永遠吸引著人類的心靈。

28

# 融合柏拉圖學說與天主教思想的

## 希臘教父

# 奧利金

## Origenes Adamantius

185-251A.D.

生於埃及的亞歷山卓，被尊稱為希臘教父。他運用新柏拉圖主義的概念，提出「萬物復原論」，對基督宗教影響甚鉅。

## 妥協觀點

天主教的護教學者中，有一位奧利金。他與新柏拉圖主義的普羅提諾曾有同門之誼。他致力於融合柏拉圖學說與天主教思想。

首先，上帝為何創造世界？上帝本身圓滿自足，不可能為了任何目的去做任何事。但是，由於上帝是「善」，始終在自我溝通及自我擴散之中，所以不可能沒有活力，也因而創造了世界與人類。人類存在的目的是信仰上帝，以分享其善。

其次，人為何會有惡行？奧利金認為：惡是「缺乏」應有的善，而不是什麼積極存在的東西。上帝所造的一切都是好的，但人類由於自己的無知或欲望而「缺乏」作為人所應有的表現，由此陷入惡的狀態。

然後，犯錯之人怎麼辦呢？宇宙若有大結局，人的最後下場又如何？他認為：人若有信仰，則可得救；若是犯錯，將受懲罰。不過，由於上帝的恩典，所有的靈魂，無論善惡，最後都會得救而回歸上帝。這就是有名的「萬物復原論」，一切又回到原始的狀態。

上述說法雖有明顯的天主教色彩，但大體上還不難理解。反對這些說法的人，往往只能保持「不可知論」的立場，繼續其「愛好智慧」的艱難工程。

哲學豆知識

# 萬物復原

沒有人不想知道宇宙的結局與人類的命運，但是光憑理性實在無法找到合理的答案。如果求助於宗教，情況會如何呢？

中世紀初期，天主教開始傳揚，當時有些教士認同「萬物復原」的觀點。所謂萬物，包含宇宙與人類在內，最後都會回歸上帝的懷抱，就像它們原本是出自上帝之手一樣。

這種觀點對宇宙的影響不大，因爲宇宙不會思考。一顆星球毀滅，另一顆出現；就像一片樹葉掉落，另一片長成，兩者之間有何差別？但是對人類就不同了。「人類」是個集合名詞，眞正存在的是「個人」。

個人有善有惡，甚至同一個人有時行善有時爲惡，那麼善惡有無報應？若無報應，人何必信神？若有報應，則這種報應到何時才會結束？甚至，這種報應會不會結束？

所謂萬物復原，意思是：所有的一切都來自於神，最後也將回歸於神。理論上這種觀點是合理的，因爲自始至終只有神是唯一的存在，其他的東西（如宇宙與人類）都是神的力量的展示，或神的實驗的過程。

我最初學習這種觀點時，內心感到深刻的喜悅，但是轉念一想：善人惡人都有同樣的結局，這似乎又顯得不太公平了。不是嗎？

# 真知主義

知識分子面對信仰時，難免有一些尷尬。一方面，在信仰面前，人人都是信徒，都要跪下來禱告；遇到僧侶階級時，也必須虛心請教靈性問題的答案。

爲了突顯知識的特殊價值，中世紀初期有一派學說，稱爲眞知主義。試問人類是怎麼來的？人生有何存在的理由或目的？惡的原因何在？人如何可以獲得救贖？甚至，上帝與基督是何種關係？這一類問題，正是信仰的主要內容，難道都可以清楚理解嗎？

眞知主義是爲知識分子而提出的一系列觀點，主張人可以藉由眞知而明白這一類問題的答案，並且找到救贖之途。換言之，他們忽略了人與上帝之間不成比例的關係。人有生老病死，上帝卻無始無終。人最多使用比擬的方式來描述上帝，但上帝本身卻是人所不可思議的。人的聰明才智實在沒有能力抵達認識上帝的層次。

所謂「眞知」，原文是指理性認知而言。但是正如蘇格拉底早已說過的：他只知道自己是無知的。承認自己無知，然後才有可能張開心靈之眼，以體認的方式去覺悟宗教上的眞理。更重要的是：這種眞理必須結合實際的自我修練與行善避惡的作爲。眞知永遠只是天邊的雲彩，讓人去嚮往而已。

哲學豆知識

# 體驗之路

有一篇很短的演講，主題是「愛」。「關於愛，有經驗的人不講也知道，沒有經驗的人講了也不知道。謝謝各位。」十秒鐘講完了。凡是涉及體驗的事情，都有類似的狀況。信仰也是如此。

中世紀初期的格里高利認爲：人的理智不足以認識上帝，因此必須換一條路。理智所見是充滿變化的世界，什麼都靠不住，也什麼都把握不了。理智最後會陷於困惑與黑暗之中。

「黑暗」是個很好的隱喻。黎明之前不是幽深的黑夜嗎？放下感官所得，停止理性思辨，讓自己的靈魂擺脫這一切，順從《聖經》所啓示的眞理吧！爲了避免突兀，我們可以參考莊子所謂的「形如槁木，心如死灰」，然後人的精神才會展現出來，進而可以悟「道」。莊子的道，與天主教的上帝，同樣都是作爲「萬物的來源與歸宿」，因此雙方相互比擬不但不離譜，反而相得益彰。

格里高利所推展的路線，在西方稱爲「密契主義」，就是強調不靠理性與言語，而直接與那無限超越的上帝密接契合，抵達「忘我出神」的愛。借用佛教的術語，這是「言語道斷，心行處滅」，然後無可言喻的光明自動呈現出來，而信仰的解脫目的也暫時完成了。

29

## 摩尼主義倡導者

# 摩尼

## Mani

約216-276A.D.

出生於波斯帝國美索不達米亞南部地區。他創立了摩尼教，其教義融合了佛教、基督教和袄教，認為宇宙是由善惡兩種對立衝突的力量所構成。摩尼主義（Manichaeism）泛指世界是由善惡兩股力量組成的主張。

# 摩尼主義

尼采有一本名作，稱為《查拉圖斯特拉如是說》。查拉圖斯特拉真有其人，是古代波斯的一位先知，他主張善惡二元論。這種思想後來由摩尼所推廣，稱為摩尼主義。

所謂「二元論」，是說有兩種根本的力量或元素一直存在著，它們彼此不相容，但又不能消滅對方。為何主張善惡二元論呢？因為自有人類社會以來，善與惡都是並存的。每個社會都是有善人也有惡人；每個人也都有行善與為惡的雙重可能性。既然善惡並存，我們何必厚此薄彼。以個人而言，靈魂使他行善，肉體使他行惡。既然如此，做了壞事不須自覺有罪，因為那是身體的問題，而人不可能沒有身體而活著。這種觀點也許可以迷惑年輕人，但是禁不起深入的省思。

中世紀初期的奧古斯丁曾經接受摩尼主義，後來特地去拜訪摩尼教派的導師浮士德，請教相關問題，如：善惡一直衝突而沒有結果，那麼人為何要行善避惡？這一切背後的真理是什麼？人生應該何去何從？浮士德在回答時，語焉不詳，因為善惡二元論只能解釋人類社會的表面現象，而不足以回應人心真正的困惑。奧古斯丁在此時接觸了天主教的思想，後來還成為天主教護教學者的主要代表。

30

天主教聖師

# 奧古斯丁

## Aurelius Augustinus

354-430A.D.

生於羅馬帝國北非塔加斯特城的柏柏爾人，年輕時讀到西塞羅的作品而開始熱衷哲學，進而接受摩尼教教義，後來才皈依天主教，被天主教會封為聖人和聖師，並稱為恩寵博士，是中世紀神學和教父哲學的重要人物。他最有名的著作《懺悔錄》，是從第一人稱角度寫出的自傳體作品，至今仍被傳誦。

# 拿起來讀

有些關鍵時刻會改變人的一生。對奧古斯丁來說，事情發生在他三十二歲那一年的夏天。當時他剛剛放棄摩尼教的二元論觀點，正在考慮要不要信仰天主教。

這一天，他在花園中散步，聽到隔壁一個小孩不斷喊著：「拿起來念！拿起來念！」於是他隨手翻開《聖經》，讀到〈保羅致羅馬人書〉第十三章，十三、十四節，內容如下：

「行事為人要端正，好像行在白晝；不可荒宴醉酒，不可好色邪蕩，不可爭競嫉妒；總要披戴主耶穌基督，不要為肉體安排去放縱私欲。」

他當下頓悟了信仰與道德實踐的密切關係，於是決心信奉耶穌，行善避惡。第二年他受洗皈依，然後前往非洲，在希波城受命為神父，再受封為主教。他於四三〇年臨終之前，希波城正受到蠻族圍攻。他在誦讀懺悔詩時辭世，沒有留下任何遺囑。

奧古斯丁皈依之前，聽人談到一位教徒安東尼在埃及沙漠中的苦修生活。他內心深受感動，想到一個沒有任何世俗成就的人，可以做出讓眾人尊敬稱讚的事，他自己做得到嗎？同時，他也有些覺醒，明白所謂的信仰不只是觀念問題，而是具體實踐的問題。

# 我的存在

在論證「我的存在」時，我們首先會想到近代哲學界的笛卡兒，他說過「我思故我在」，讓人聽了精神為之一振，雖然我們未必清楚這句話的前因後果。

這句話是有前因的。比笛卡兒早了一千二百年，奧古斯丁已經提出類似的論證了。在探求真理時，首先要找到一個確切不移的出發點。這時必須設法懷疑一切可被懷疑之物。是誰在探討？是我。那麼，這個「我」存在嗎？這是可被懷疑的。奧古斯丁指出：

一、我懷疑我是否存在。如果我不存在，而我卻以為自己存在，那就表示我受騙了。

二、如果我真的受騙了，那麼我必須存在，才可能受騙。

三、因此，我確實存在。

結論是一句簡單的話：「若我受騙，則我存在。」這句話與後來笛卡兒所說的「我思故我在」，不是很相似嗎？

肯定了「我」的存在之後，才可以繼續思索相關的問題。譬如：由自我可以推知其他自我，那麼人群相處的規則是什麼？自我所面對的世界是怎麼回事？人生的目的何在？人有能力認識神嗎？這一系列問題為哲學「愛好智慧」的傳統，增加了不少新的元素。

# 原罪之說

基督徒相信「人有原罪」。所謂原罪，是指上帝造人之後，亞當與夏娃未能遵守上帝的命令，因而得罪了上帝。這種罪「代代相傳」，以致所有的人一出生就受到原罪的汙染，而無法自認為無辜。

這種觀點在一般人看來並不合理。祖先所犯的罪惡怎麼可以加在子孫身上？但是暫且不談有關亞當夏娃的「神話故事」，焦點轉向真實的人類社會，我們立即發現：人的世界有罪惡存在，並且每個人也都可能並且真正犯罪。

這時要問的是：人的罪惡由何而來？無論怎麼說，都不能把責任推給那創造人類的上帝，因此罪惡的來源必定在人類身上。換言之，「原罪」與其說是「原始的罪」，不如說是「罪的來源」。罪的來源既然在人類自己身上，那麼人類生來就有原罪，不是很合理嗎？

當然，我們可以再問：上帝為什麼創造了可能犯罪的人類？這個問題值得另文再談。這裡所強調的是：對人性現狀的理解。一方面，《聖經》上說：「上帝眼中沒有義人。」因為沒有人不犯錯。另一方面，保羅說：「該做的我不去做，不該做的我反倒做了。」人性的弱點實在根深蒂固，若是不談原罪，也不表示人性是善的。

## 啟迪人心

奧古斯丁是哲學家，也是虔誠信徒。他所想的「愛好智慧」，顯示了完整而深刻的面貌。

他觀察一般人的言行，認為：「壞習慣不加以抑制，不久就會變成你生活上的必需品了。」更深入的觀點是：「我們最危險的敵人其實就是我們對敵人的仇恨，仇恨意念在我們內心造成的傷害，遠遠超過我們打擊敵人而給敵人造成的傷害。」因此，我們應該痛恨的是罪惡，而不是犯錯的人。

他對時間的思索，長期為人傳誦。他說：「時間究竟是什麼？沒有人問我，我倒清楚；有人問我，我想說明，便茫然不解了。」身為信徒，他說：「信仰是去相信我們所未見到的，而這種信仰的結果，是看見我們所相信的。」

在探尋真理的路上，人需要努力從事「道德上的淨化」。若不節欲修身，易受世俗干擾，正如莊子所云「嗜欲深者，其天機淺」，天機是指自然的領悟能力；這種人又怎能體會宗教上的真理呢？

「這個世界以及一切可見之物，其安排、秩序、美妙、變化及運動，都在默默地宣告：它們只能是被上帝所創造的。」誰能認識這一點呢？謙虛而溫良的人，因為他們的修練已經抵達一定的標準，並獲得神的光照。

## 惡是什麼

劉邦入關時，與父老約法三章：「殺人者死，傷人及盜，抵罪。」殺人、傷人與竊盜，這三惡是普世公認的。但是，一般人無此三惡，也還有其他許多犯錯的機會。

奧古斯丁是宗教家，深知人間的各種罪惡。簡單說來，人生的正路只有一條，就是走向上帝。凡是偏離正途的就是邪惡。譬如，我愛好世間的名、利、權、位，或者追求珍奇寶貝，甚至在欣賞真善美的事物時，如果「未能」同時與上帝聯繫，那就有問題了。換言之，無論我做什麼，都要「為了愛上帝」，「為了榮耀上帝」，否則就有偏離正途的危險。

奧古斯丁進一步推廣「惡是一種缺乏」的觀點。譬如，我在求知與審美時，為了滿足個人的好奇心與生活樂趣，而忘記了它們本身不是目的，這表示我「缺乏」了適當的秩序，沒有把上帝考慮進來。這種想法其實並不怪異。譬如，我在服事父母時，想到的是自己可以沽名釣譽，或者得到父母的資助，這時我可以說是做到了孝順的要求嗎？似乎不可以。

「愛上帝與愛人」，即是追求至高的善。這是基督徒的首要原則。缺乏應有的善，或者顛倒錯亂了善的秩序，就是偏離正途，也即是惡行的開始。這種觀點讓人時時警惕。

## 上帝之城

奧古斯丁的代表作，除了《懺悔錄》之外，就是《上帝之城》了。上帝之城指的是耶路撒冷，後來引申為天主教的教會，以羅馬教廷為核心。相對於此，則有世俗之城，指的是古代極為繁榮的巴比倫，引申為世界上統治百姓的各個國家。

奧古斯丁由此提出一套歷史哲學。人類的墮落與得救，耶穌的降生與復活，上帝的計畫與實現，一切全在歷史的發展過程中得以實現。依此而論，教會與國家的關係，在主從先後方面不是很清楚嗎？

中世紀後來演變為：國家主導人間事務，但是教會負責靈魂的修練與得救。國家常有政權與朝代的更迭，教會則如恆星一般，帶來穩定的光明。長此以往，教會的勢力與權力自然一再膨脹了。

國家要步上正軌並不容易。奧古斯丁說：「沒有公義，國家豈不是一伙強盜？一伙強盜豈不是一個王國？」世俗國家沒有真正的公義，因為真正的公義要求對上帝奉獻應有的崇拜。國與國之間如何相處？此時需要教會以「上天的準則」來指導國家與社會，要求人民為了愛上帝而彼此相愛。

理論聽起來不錯，但是教會是由僧侶組織成的，他們也有人性的弱點，權力也照樣會讓他們腐化。這是一直困擾中世紀的問題。

# 否定之道

描寫一個人，有兩種方法。一是肯定之道，說他「勇敢、高大、聰明、用功」等。二是否定之道，說他「不是」懦弱、矮小、笨拙、懶惰等。一般人都喜歡也習慣使用肯定之道。

但是在形容某種超越人們經驗與想像之上的對象時，要採用什麼方法呢？譬如，中世紀的學者大都是虔誠的基督徒，他們談到「上帝」時，認爲否定之道比較適合。簡單說來，我們只能說「上帝不是什麼」，而不能說「上帝是什麼」。

譬如，上帝不是天空或海洋，不是父親或母親，也不是智慧或善良。天空與海洋再怎麼廣大，在整個宇宙中卻十分渺小，而上帝是宇宙的創造者，又怎麼可以拿來比擬呢？父親與母親總是照顧子女，但是上帝卻給人種種考驗，有時讓人痛不欲生。智慧與善良是用來描寫傑出的人類品行，而上帝的作爲遠遠超出這些語詞所能涵蓋的範圍。

換言之，上帝是不可思議者，根本不是人類所能想像，也不是語言文字所能說明的。即使我們說「上帝是愛」，這裡的「愛」字也不是人間之愛所能比擬的。因此，人面對上帝時只能敞開心靈，暫時停下理性的思維。

哲學豆知識

# 哲學教育

西元五二九年，雅典的柏拉圖學院正式走入歷史。距離柏拉圖在西元前三八七年創立之時，共存在了九百多年。這是西方第一所大學的相關資料。

中世紀的教育資源掌握在宮廷與教會手中。教育的目標很清楚，要以信仰爲核心，向外擴充知識。當時的主要科目稱爲「七藝」，包括三門思辨的學科（文法、辯證、修辭）與四門實用的學科（算術、幾何、音樂、天文）。由實用的學科可以推展出建築、航海、農業、武器、醫學等。音樂演奏、戲劇與法律也都與此相關。

在思辨的學科中，文法與修辭有助於演説與寫作。那麼，傳統所謂的

「哲學」到哪裡去了？似乎只剩下「辯證」一科了。辯證是指邏輯與辯證法，是精確思考的準備工作，但還談不上是眞正的哲學議題。人們學會了探討智慧的「方法」，但是卻忘記了智慧的「內含」。事實上，他們沒有忘記，而是認爲《聖經》中的眞理就是這種內含。如此一來，中世紀培養出許多對學術有眞誠態度、對宗教有虔誠信仰，但是在思想上卻沒有原創性的學者。

現代人認爲中世紀是黑暗時代，主要即是在描寫當時「信仰領導思想」的處境。

哲學豆知識

# 共相問題

中世紀綿延一千三百多年，思想的大格局與大方向是維護及支持天主教傳統。《聖經》代表了眞理，教會壟斷了解釋權，因此哲學界陷於停滯的困境。當時探討的問題之一是「共相」。

所謂共相，原指「普遍物」而言。凡是一個名詞（如「馬」）可以用來指稱許多個體（如這匹馬、那匹馬），那麼這個名詞就稱爲共相。共相即是普遍名詞。問題是：這種共相究竟有無獨立的存在？

柏拉圖的理型論肯定一個理型世界，雖然他強調的是倫理上的概念，如善、勇敢、虔誠、愛等，但難免被人誤會爲：另外也有像「理型馬、理型人」之類的東西存在。亞里斯多德反對此說，他重視經驗，要由感覺對象抽出共同條件，再形成共相。換言之，共相不能脫離個體而存在。

譬如，白馬是馬，黑馬也是馬，但白馬不等於黑馬。那麼，馬的本身是什麼？有這種不具顏色、大小等特質的「馬」存在嗎？我們是先知道「馬」，再知道白馬或黑馬？還是先知道白馬或黑馬，再知道「馬」？像這樣的問題其實不難解決，但是把馬換成善或美呢？我們是先知道善，再知道誰是善人？還是反過來才是對的？這就不易回答了。

哲學豆知識

# 針尖天使

一根針尖上可以站立幾位天使？這是中世紀學者探討的有趣問題之一。爲何會提出這種奇怪的問題？

任何東西的存在，都有形式與質料兩部分。譬如，一張桌子的質料是木頭，而形式是書桌。書桌有千萬個，但這張書桌卻是唯一的，與別的書桌不同。請問：使這張書桌與別的書桌「不同」的因素是什麼？既然都是書桌，所以書桌的形式不足以造成任何差異，造成差異的顯然是質料，因爲天下沒有兩塊木頭是一樣的。

焦點轉到天使身上。天使沒有身體，因而沒有質料，所以也無從分辨甲天使與乙天使的不同。他們都稱爲天使，表示都具備天使的形式，就是介於上帝與人類之間，傳遞上帝給人的啓示或訊息。既然天使只有形式，所以我們所知的天使是什麼呢？是智慧天使、勇毅天使、仁慈天使、正義天使等。這些天使沒有個別差異，而只有功能上的區分。

天使既然不具備質料，所以沒有體積與重量，那麼，一根針尖上可以站立幾位天使呢？答案是無數位。針尖是一個點，而點不占空間，天使也同樣不占空間。像這一類問題，倒是可以用來打發許多時間。

31

## 經院哲學之父

# 安瑟姆

## Anselm

1033-1109A.D.

生於義大利北部奧斯塔城的貴族家庭，一〇九三年擔任英格蘭坎特伯里大主教直到辭世，被稱為最後一位教父與經院哲學之父。他提出關於上帝存在的「先天論證」及救贖論的「補贖說」，將中世紀神學導向理性的方向 。

# 政教之間

十一世紀時，天主教的勢力依然籠罩歐洲，但是各國君主與羅馬教宗之間已經出現了緊張關係。教宗擁有任命主教的權力，而國君也想推薦自己屬意的人選。雙方爭持不下，引發各種紛爭。

以英國為例，安瑟姆是聲望極高的神父，對政治並無興趣。他受封為坎特伯里大主教的過程有些兒戲。當時國王生病，他也前往慰問。在國王病榻前，朋友們抓住他，扳開他的手掌，把大主教的權杖塞進他手中，然後把他抬到教堂中，唱起感恩及讚美的詩歌，而完全不顧他的抗議。他就如此成為英國教會最有權力的人士。

權力帶來責任，他必須表態自己是支持教宗還是國王？他寫信給教宗說：「我擔任大主教已經四年，卻幾乎一事無成。我的靈魂處於讓人厭惡的紛擾不安之中。我只能無奈地活著，每天都希望自己能離開英格蘭而死。」

我們在描寫中世紀宮廷的電影中，常可看到穿著紅袍的主教穿梭於政黨與教會之間，甚至設計一些可恥的陰謀，冀圖奪取世俗的權力。權力使人腐化，那種情況當然存在。但是安瑟姆的表現卻清新脫俗，這或許與他專心探討哲學有關。他的哲學見解對後代影響不小。

# 為了理解

人有理性，可以試圖探討真理；但是光靠理性，實在不足以把握究竟真理。譬如，即使人類充分認識了宇宙，也無法明白宇宙為何存在；即使清楚剖析了人類生命的所有細節，也無法明白人為何要過這樣的一生。

但是，光靠信仰，人又可能不求甚解，接受許多既成的教條而無法辨明一般的生活道理。那麼，理性與信仰之間，應該如何協調？

安瑟姆說：「我信仰，是為了理解。」以愛為例，我愛某物，就會希望多認識所愛之物。同樣的，我信仰上帝，就會希望認識上帝。信仰有助於理解。人的行動常常始於信念，信念在開始時是缺乏可靠知識的狀態，但是它會引導人產生濃厚的興趣，對於所相信之物要求更多的認識。然後，更多的認識又會回過頭來增強原有的信仰。

安瑟姆是神職人員，他知道光談信仰而不談知識，很容易陷於迷信的心態。迷信也確實是宗教徒最常受人詬病之處，好像信教之後只剩一股狂熱，連平凡人的理性運作都被拋到九霄雲外了。現在，「信仰會尋求理解」一語，顯然有助於信徒與非信徒之間作理性的溝通。未經理解的信仰，在遇到考驗時如何產生堅毅的力量？

# 先天論證

中世紀的學者在證明上帝存在時，一般都是採取「後天論證」，就是從人類的生活經驗中尋找線索，用以證明上帝存在。所謂「後天」，即是指由經驗中觀察所得者。相對於此，「先天」是指不涉及經驗，完全由觀念來運作的方式。

使安瑟姆在哲學史上留名的，正是他在證明上帝存在時所提出的「先天論證」。他先為「上帝」概念下一個定義。他說：「上帝是那不能設想有比他更偉大之物。」這個定義聽起來很合理，試問：你能設想有任何東西比上帝更偉大嗎？不可能的。

接著，既然同意這個定義，隨之也必須同意它的後續推論，就是：這樣的上帝「必須存在」。因為如果這樣的上帝不存在，它就不是「那不能設想有比他更偉大之物」了。這樣的上帝又怎能不存在呢？

安瑟姆由上帝的定義直接就證明了上帝的存在。他所使用的完全是觀念，而不涉及任何經驗界的觀察，所以他的證明稱為「先天論證」。這個論證在西方世界一直受到關注與討論，當然也有不少批判。因為即使他的論證有效，也不表示上帝就是《聖經》中的那位上帝。

## 批判先天論證

安瑟姆公布他的先天論證之後，當時就有一位名叫高尼洛的神父提出質疑。高尼洛說：如果我們同意安瑟姆對上帝存在的證明，那麼也可以證明「必須存在著一座完美的島嶼」，因為既然是「完美的」島嶼，它就必須存在。

這個質疑沒有成功，因為島嶼是我們經驗觀察的對象，不論如何完美都只是想像中的拼湊之物，就像「飛馬」一般。只要是來自經驗與想像之物，都不可避免地陷於變化之中，因而與「存在」並不必然相關。

要質疑安瑟姆的先天論證，最有效的辦法是指出：「存在」不能作為「述詞」。譬如，我說「張三是勇敢的」，「勇敢的」是述詞，用來描述張三這個主詞。我如果說「張三是存在的」，那就沒有說到張三任何情況。因為，如果張三不存在，我何必描述他？如果他存在，我又何必說他存在？這不是多此一舉而毫無意義嗎？

以數學為例，「三角形三內角的和是一百八十度」，這種說法必須先假設「三角形存在」，而世間並無真正的「三角形」，只有「三角形的東西」存在。同樣的，先天論證是假設「有這樣定義的上帝概念」，則上帝必然存在。哲學家閉門造車的功力於此可見一斑。

32

# 綜合亞里斯多德學說與天主教哲學的

## 萬知博士

# 大亞爾伯

## Albertus Magnus

約1200-1280A.D.

生於今巴伐利亞的勞因根，是中世紀德國重要的哲學家和神學家，也是道明會神父，更是第一位融合亞里斯多德的學說與天主教哲學的學者。因知識淵博而著名，作品涉及神學、物理學、天文學等許多領域，被當時的人稱為「萬知博士」。

# 修會制度

天主教結構龐大，信徒眾多，光靠教宗與各層級的神職人員實在不易滿足信徒在靈修方面的需求。於是，先後成立了不少修會，就是一群出家的僧侶生活在一起，共同修行與傳教。在中世紀後期，較有名的修會是道明會、本篤會、方濟會，以及更晚出現的耶穌會。

一般談到中世紀哲學，都會提及多瑪斯，以他為代表人物。他是十三世紀的義大利人，父親是阿奎納的伯爵，原來希望他加入本篤會，但多瑪斯卻自己選擇了道明會。道明會派他去巴黎大學求學，在途中他被兄弟綁架，拘禁於城堡達一年之久，甚至以美色誘惑他還俗，最後都沒有成功。

一年之後，他如願前往巴黎大學，受教於大亞爾伯。後者對於多瑪斯，有如蘇格拉底之於柏拉圖。多瑪斯在求學期間不太說話，被同學稱為「沉默的公牛」。同學還認為應該為他補習功課，一談之下才發現他講得比誰都好，甚至比老師還好。大亞爾伯很欣賞他，對別的同學說：「你們稱他為沉默的公牛，但是我卻要告訴你們，這頭沉默的公牛將大聲咆哮，他的聲音將迴盪於整個世界。」慧眼識英雄，老師的話沒有錯，多瑪斯後來成為西方中世紀哲學的集大成者。

33

神學界之王

# 多瑪斯・阿奎那

## Thomas Aquinas

約1255-1274A.D.

出身義大利貴族世家，父親希望他加入本篤會，他卻選擇了道明會，被道明會派去巴黎大學求學，師從大亞爾伯。他是自然神學最早的提倡者之一，也是多瑪斯主義的創立者，是中世紀哲學集大成者。他最知名的著作是《神學大全》，被天主教視為史上最偉大的神學家，也被稱作神學界之王、天使博士（天使聖師）或全能博士。

# 經院哲學

中世紀的哲學分為兩個階段，先是教父哲學，主旨在為天主教的教義辯護；後來出現經院哲學，試圖建構一套合乎天主教教義的哲學系統。所謂「經院」，是指它是在學校教室裡進行的，無論是主題、探討方法、推論步驟、形成結論等，都有一套明確規則。

這樣的哲學系統又稱為煩瑣哲學，相當枯燥乏味，而結論又是可以預測的，就是必須符合天主教教義。把這套哲學應用得最為完善的是多瑪斯。當時哲學界正處於柏拉圖思想與亞里斯多德思想如何與基督宗教會通合流的問題中。說得更廣一些，就是理性與信仰如何協調？如果沒有足夠的學識，就做不到全面的綜合，更談不上提出新見解了。

多瑪斯的好學深思早已眾人皆知，更可貴的是，他能排除俗務的干擾，拒絕那不勒斯大主教的職位而專心著述。他身材壯碩，書桌內側必須鑿出一個半圓形缺口，才能供他使用。他所注解的《亞里斯多德形上學》，比原著多出數倍篇幅。他的代表作是《神學大全》。他說：「我們在今生所能獲知有關上帝的知識，就是了解上帝超越了我們對他所能想像的一切。」他面對自己的一大堆著作，認為那些在真理面前只是無用的糟粕而已。

## 從感覺出發

人有感覺能力，而感覺作用是身體與靈魂的組合體的活動，其對象是個別物體，那麼如何將感覺所得轉化為知識？知識是普遍的，它的形成有何複雜過程？多瑪斯如何回答這個問題？

他認為，人的靈魂有一種「主動知性」，可以憑藉自己本有的力量，抽離出上述感覺所得之共相的要素。此要素是我們由個別物體抽出來的印象，現在被主動知性整合為普遍的本質。這種有關認識理論的說法，稱為「實在論」，就是：一方面外在物體確實存在，不受我們的理性所左右，就是在看到一隻鳥飛過眼前時，我們不可能勉強它變成蝴蝶；另一方面，我們的知性也確實存在，並且有主動抽離出共同印象的能力。所謂知識，就是上述兩方面的交往互動，使人可以得知客觀世界是怎麼回事，進而以這種認知為基礎，建構一套有效的知識系統。

他說：「凡在知性者，必先在於感覺。」這句話可以推源於亞里斯多德，肯定知識的基礎是我們所經驗的世界，而不是柏拉圖那種超然獨立的理型世界。從多瑪斯的立場，不難想像他在證明上帝存在時，會採取後天論證。他也確實提出了著名的「五路證明」。

## 五路證明

在證明上帝存在時，後天論證又稱為宇宙論證，因為那是人類由宇宙萬物推演出上帝必然存在的辦法。多瑪斯提出的證明是什麼？

一、由世間萬物之變動來證明。凡動者皆為他物所推動，而無窮後退是不可能的，所以最後必須推演出第一個本身不動的推動者，那就是上帝。

二、由一物之存在必有形成因來證明。這種形成因也不能無窮後退，所以必須有第一形成因，亦即上帝。

三、由一物之存在為偶發的來證明。世間萬物皆在變化之中，皆是偶發的而非必然的，所以必須有一個必然的存在者，使萬物得以存在，那就是上帝。

四、由世界萬物的完美程度來證明。只要談到「真的、善的、美的」，就表示必須有一個「至真、至善、至美」作為標準，那就是上帝。

五、從萬物的目的性來證明。萬物井然有序，應該有個全能的理性在設計這一切，而宇宙設計者就是上帝。

以上五路證明代表中世紀思想的集成。問題是，即使真正由此證明了一位上帝存在，這位上帝與基督徒所信仰的上帝有什麼必然關係？這依然是個待決的難題。

## 幸福人生

人有自由意志，一定會追求幸福，但什麼是人的真正幸福？如果缺乏正確的知識，就可能順從本能的欲望，只求當下感性上的滿足，或者受到群眾輿論的左右，追逐時髦的商品。

多瑪斯認為，人的自然本性包括了保存生命、繁殖及養育後代，以及尋求真理。這最後一點使我們想起亞里斯多德在《形上學》開頭的第一句話：「人類天性渴望求知。」不過，求知也有許多層次，要如何確定所謂的至高真理呢？

以基督徒為例，至高真理當然是指宇宙萬象的根源，包括人類生命的何去何從。若是未能領悟至高真理，人生的各種成就到最後只是鏡花水月一場空而已，那豈不是顯得愚不可及？多瑪斯說：「人生在世，不過是過路的旅客。」我們是過客而不是歸人，因此重要之事莫過於找出人生的終極目的。

他又說：「完美的幸福在於看見上帝。」這顯然是指妥善度過此生，並在死亡之後得升天堂而言。不過，即使在今生今世，我們也可以由萬物的奧妙與人心的嚮往，默默體察上帝的力量無所不在。由此而生的修行動力足以改善人生的品質，從俗世轉向超越境地。

34

# 反對用理性思維上帝的精微博士

# 斯考特

## John Duns Scotus

約1265-1308A.D.

蘇格蘭中世紀時期的經院哲學家、神學家。方濟會會士，被稱為「精微博士」。反對用理性來思維上帝，認為神學是用來實踐而非思辨的，雖然無法認識上帝，但可以信仰和愛上帝，信仰和愛高於認識。

# 善的定義

自有人類社會以來，大家都在互相期勉，希望做到「行善避惡」，但是關於什麼是善惡，卻很少有人說得清楚。

多瑪斯是中世紀經院哲學的集大成者，後起的哲學家以他為標竿，繼續反思與批判的工作，其中最有名的是斯考特。斯考特對專業問題的討論十分精微，甚至到了瑣碎無聊的地步，但是他對「善」的界說卻十分可取。

道德上的善，在於自由以及符合正當的理性。說得清楚一些，一個行為是善的，必須具備四個條件：一、是自由的；二、在客觀上是善的，亦即合乎禮儀與法律，為眾人所認可；三、本於正當的意圖，亦即出於真誠之心；四、以正當的方法來做，不可不擇手段。

身為基督徒，斯考特補充說：任何行為都應該為了「愛上帝」而做，否則不能稱為善的。用我們的話來說，就是必須出於「無私之心」。如果行善是為了自己個人的利益，恐怕很難獲得大家的讚許。我近年談儒家，肯定人性向善之說。善是：我與別人之間適當關係之實現。所謂適當，要考慮三點：一、內心感受要真誠；二、對方期許要溝通；三、社會規範要遵守。由此可見，不涉及上帝，也可以為善下個定義。

35

# 剃除一切繁瑣的神學家

# 奧坎

## William of Ockham

約1290-1349A.D.

出生於英格蘭的薩里郡奧坎，早年就加入方濟會，並在牛津大學學習神學，但沒有取得學位。不過他能言善辯，被稱為「駁不倒的博士」。他發表教會不應擁有私人財產的言論，被當時的教宗囚禁在法國的亞威農監獄。主張除去所有不必要的言詞與觀念，這個原則被稱為「奧坎的剃刀」。

# 神的自由

在西方哲學史上，相信神存在的哲學家很多，但是在維護「神的自由」這一點上，沒有人比奧坎更賣力。

神是自由的，也是全能的。這兩個條件加起來，神就完全不可預測了。譬如，我們常說：「神會賞善罰惡。」但是，眾人公認的善人與惡人，卻明明沒有受到公平的對待，甚至賞罰顛倒，讓我們感嘆天理何在。

奧坎認為，我們的感嘆出於無知。從長遠的角度看來，許多惡事演變出好的結果，也有不少善事最後造成了罪惡。再從整體的角度看來，善與惡也可能是互補的，彼此不可互缺。看來神意不可測，而人的理性在這方面一籌莫展。一旦相信神，就只能全心信靠而逆來順受了。

那麼，人有自由嗎？奧坎說：「自由是一種能力，使人可以在不受干擾的情況下，偶發式地製造某種效果。」「偶發」是指偶然與碰巧，沒有什麼必然的道理。因此，人的自由意志必須以神為目的，否則在指向任何事物時，都難免會感到「憂慮與哀愁」。

意思是說：人在世間不論取得何種成就與榮耀，結果都是一場空，都會讓人覺得惘然與悵然。既然如此，自由對人而言有何意義？人生在世又是為了什麼？

## 奧坎的剃刀

中世紀後期最讓人側目的哲學家，就是奧坎。他最廣為人知的是「奧坎的剃刀」，就是要除去所有不必要的言詞與觀念。

我們在描述事物時，習慣加上個人主觀的感受，有時反而模糊了焦點。譬如，報上寫著：「昨天一名五十老翁去爬山。」「老翁」二字就是多餘的。寫這句話的記者大概二十幾歲，在他看來，五十歲算是老翁；但是在五十歲的人自己看來，或者照一般社會的標準看來，都不宜使用「老翁」一詞。

又如，「一位看來很陽光的美麗少女昨天去攀登一座危機四伏的高山。」這樣的句子可以用來寫小說，但無法描述事實。使用奧坎的剃刀，就會改口說：「一位少女昨天去登某某山。」這是思考時的「經濟原則」。除非有必要，否則絕不增加一個字。客觀精確而實事求是，以免由於溝通不良而造成不必要的誤會。

我們學習這種經濟原則，可以省思自己所擁有的東西是否用得著，是否真正需要的。我常以「人生經濟學」一詞來描寫哲學，因為學習了思辨方法，應該使人生更簡單也更清爽，分清本末而把握重點，活得更為自在。

36

## 密契主義大師

# 艾克哈特

## Meister Eckhart

約1260-1327A.D.

德國的神學家、哲學家和密契主義者（Mystic），十幾歲時加入道明會，當過修道院院長，也是巴黎大學教授。他提出「思辨的密契主義」，以哲學思辨來陳述特定的主張，認為神是萬物存在的原因，所以不宜說神是存有或存在物，只能去「理解」祂。

# 心的轉向

哲學是愛好智慧，哲學家是擅長使用理性的人。理性的表現在於慎思明辨，能對宇宙與人生說出一番道理。不過，理性也有其根本的限制，就是無法說明人的意志與感情。譬如，理性認為不該做的事，意志可能非常嚮往，感情也陷於無法遏止的衝動中，這時何去何從？

不僅如此，從希臘時代以來，哲學界一直有一股「密契主義」的思潮。所謂「密契」，是指人在追求宇宙最高最深的奧祕時，發現理性使不上力，於是只能放下分析的念頭，去體驗合一的境界。理性使人獨立為萬物之靈，但也正因為理性，人與人、人與物產生各種疏離對立，造成人生無窮的困擾與煩惱。

艾克哈特是十三至十四世紀的密契主義大師。他說：「我要宣揚的就是孤獨。」人不應該照料太多的外在事物，也不必被這些外在事物所牽絆。理由很簡單：世事多變化，我們何必追逐影像？能夠從世俗活動中解脫出來，就能獲得內心的生活。孤獨是為了忘記變化紛擾的俗務，再由此轉向內心，找回真正的自己。艾克哈特尋求孤獨，但並未放棄他的工作。他是首先在修道院為修女講哲學的老師，藉此向西方世界證明了哲學思考並非男士的專利。

## 在神之內

如果相信神的存在，那麼萬物與神的關係如何？先談比較簡單的問題，請問：萬物在神之外，還是在神之內？

如果萬物在神之外，則萬物與神形成對立，神於是被迫成為相對的神，而不再是無限而絕對的神，如此將有違基督徒的信仰。如果萬物在神之內，而神是純粹的精神體，那麼萬物的物質性又要如何解釋？有些人會因而肯定萬物「也」是神。如此一來，又違反了基督宗教的教義，因為把萬物當作神，是一種明顯的泛神論。凡是主張泛神論的人都會被視為異端邪說，在十四世紀會被判處火刑。

艾克哈特宣揚密契主義，推崇神人合一的體驗。體驗是個人獨有的，一旦形諸文字，在別人眼中就有誤解的可能了。果然，艾克哈特的某些說法受到嚴重的質疑，甚至被人檢舉有異端的傾向。怎麼辦呢？他使用正反論旨，就是同時說出兩句互相對立的話，試圖減少別人的誤解。

他說：「萬物在神之內，因為離開了神，萬物無法存在。」他又說：「萬物在神之外，因為單一的神與多樣的萬物在本質上完全相反。」說神在萬物之中，並不等同於說萬物即是神。只要清楚表示神與萬物之間仍有「差異」，就可以閃避泛神論的嫌疑。

## 自我修練

密契主義所宣揚的神人合一體驗，不是光靠靜坐冥想就可以達成的。依艾克哈特所說，它需要嚴格的修行功夫，簡單說來，就是棄絕自我在身心方面的執著。

「我有什麼」與「我是什麼」不同。擁有的東西越多，人越可能因忙碌而沉迷，因沉迷而忽略了心靈，忘了自己是誰。當別人詢問「你是誰」時，你的回答往往是「我有什麼頭銜、身分、名聲、地位、財富、榮耀等」，這些都是外在的東西，正好遮蔽了你的真正自我。

面對神時，這些外在的東西是相對的、流動的、變幻的、虛無的。因此，修行的目標是放下這一切。莊子在書中多次提到「形如槁木，心如死灰」一語，就是要人棄絕身心的執著，然後才可能由於悟道而展現出精神上的自我。真正讓人逍遙的不是身與心，而是精神。西方學者在閱讀《莊子》時，無不將他劃歸密契主義，其實是不難理解的。

棄絕身心的本能與欲望之後，人會陷入一種「空無」狀態。認真看待自己的生命，一百年之前沒有我，一百年之後也沒有我。那麼現在的我是怎麼回事？又應該何去何從？從這一類問題出發，就會覺察一個真理：神安排我的存在，我除了努力與神契合，還有什麼更值得去做的事？

## 心靈火花

艾克哈特認為：人若修行到一定程度，就會發現身心方面的欲望與執著是空無的。這麼一來，人不是什麼都沒有了嗎？事實並非如此，他在此肯定每一個人內心深處都有一種「心靈火花」。

以我們的方式來說，一個人不論如何渾渾噩噩，甚至醉生夢死，在他內心深處依然有「一點靈明」，他也因而還有覺悟及重新做人的機會。我們習慣以人為萬物之靈，其靈即在於此。

艾克哈特說得比較玄。他認為：心靈火花是人與神相通的管道。「想要抵達神的深處，就必須抵達自己的深處。」神不但與每個人相通，也與萬物相通。他說：「所有的受造物都是神的某種顯示，在其一切行動中都試圖重複神的作為。它們都聽到一種召喚，要回到它們所來自之處。」

這些觀念在道家看來，並不神祕。老子說：「反者道之動。」又說：「夫物芸芸，各復歸其根。」萬物在道的安排下，都在回歸根源，亦即復返於道的本身。老子又說：「道常無名。」道是沒有名字的，艾克哈特也宣稱：神沒有名字，神不是「神」這個名稱。

37

## 聯繫中世紀與近代哲學的先驅

# 尼古拉

## Nicholas of Cusa

約1401-1464A.D.

生於德意志的庫薩，曾任樞機主教，推動天主教與東正教的復合事宜。他以拉丁文寫了很多宗教和哲學著作，倡言「博學的無知」。他認為對立物之上有一個統合體，神即是「對立之統合」。尼古拉的思想對於近代哲學已經提出不少暗示，是聯繫中世紀與近代哲學的重要人物之一。

# 博學的無知

尼古拉是漁夫子弟，家中頗有產業。有一次他與父親發生爭執，被父親從小船上扔進水中，之後他就離家出走，在外學習。他取得博士學位，並開始以律師為業，但是第一場官司就打輸了。於是他從事宗教工作，修道當神父，最後升任樞機主教，並積極推動天主教與東正教之間的復合事宜。

他的基本觀念是「對立之統合」。

神是至大的存有，統合一切差異；神也是至小的存有，因為無所不在。每一樣東西都反映整個宇宙。宇宙有五個層次，由下而上是：物質、有機體、動物、人，以及純粹精神。

只有人同時擁有每一層次的成分，因此是標準的「小宇宙」。人本身也是各種對立物的統合，但統合必須有個方向，否則只是混合或大雜燴。這個方向當然是向著純粹精神，或者說得更直接一些，向著神。

他倡言「博學的無知」，因為人對世間萬物所知的一切皆是相對的，如果因而忽略了對神的知識，那不是真正的無知嗎？

他說：「一個人對自己的無知認識得越清楚，他的學問就越大。」無知使人謙虛，並且敬畏神。「敬畏神，是智慧的開始。」這句基督徒的箴言可謂發人深省。

哲學豆知識

# 驕傲之罪

中世紀天主教有「七大死罪」之說。這種觀念流傳至今，還以此爲名拍過電影，電影原名只是《七》，被我們譯成《火線追緝令》，由布萊德彼特主演。

無論怎麼排列，七罪之首一定是驕傲。另外六罪是貪婪、好色、貪吃、嫉妒、憤怒、懶惰。若是死罪當眞，則天下尚有幾人可以倖免？特別值得一談的是驕傲。

據說神最早創造了眾多天使，其中有名路其弗爾者，一時心生妄念，想與神爭勝，爲此被打入地獄，成爲惡魔之首。隨後神又造了人，讓他們在樂園中生活無虞。但是偏偏夏娃特別好奇，聽到魔鬼化身的蛇的誘惑：「神爲何不許你們吃這兩棵樹的果子？是怕你們吃了像祂一樣。」

「像神一樣」，就是生了驕傲之心。人原是受造之物，來自虛無又回歸虛無，所謂「塵歸塵，土歸土」，現在居然妄想與神相較，這不是太過分了嗎？驕傲就是過度肯定自己，隨之會帶來或造成另外六罪。因此，驕傲是萬惡之源，因爲它使人忘了自己的眞相與本分。

直到但丁的《神曲》，還可以看到七罪的觀念。但是，隨著文藝復興運動揭開了西方思想史的新頁，人對自身要重新認識，驕傲的罪狀也跟著減輕了分量。

傅 佩 榮 作 品 集 1 8

# 人生雖然有點廢，就靠哲學翻轉它〔第一部〕

## 跟著 37 位哲學家解開生命的大哉問

國家圖書館出版品預行編目（CIP）資料

人生雖然有點廢，就靠哲學翻轉它／傅佩榮著 . -- 初版 . -- 臺北市：
九歌，2020.01
208 面；14.8×21 公分 . --（傅佩榮作品集；18）
ISBN 978-986-450-272-1（第 1 冊：平裝）
1. 人生哲學
191.9 108020825

作　　者 —— 傅佩榮
責任編輯 —— 張晶惠
創 辦 人 —— 蔡文甫
發 行 人 —— 蔡澤玉
出　　版 —— 九歌出版社有限公司
臺北市 105 八德路 3 段 12 巷 57 弄 40 號
電話／ 02-25776564・傳真／ 02-25789205
郵政劃撥／ 0112295-1

九歌文學網　www.chiuko.com.tw

排　　版 —— 綠貝殼資訊有限公司
印　　刷 —— 晨捷印製股份有限公司
法律顧問 —— 龍躍天律師・蕭雄淋律師・董安丹律師
初　　版 —— 2020 年 1 月
定　　價 —— 250 元
書　　號 —— 0110818
I S B N —— 978-986-450-272-1